Eduard Sonnenburg

Verbrennungen und Erfrierungen

Eduard Sonnenburg

Verbrennungen und Erfrierungen

ISBN/EAN: 9783743315617

Hergestellt in Europa, USA, Kanada, Australien, Japan

Cover: Foto ©ninafisch / pixelio.de

Manufactured and distributed by brebook publishing software (www.brebook.com)

Eduard Sonnenburg

Verbrennungen und Erfrierungen

VERBRENNUNGEN

UND

ERFRIERUNGEN.

VON

DR. E. SONNENBURG,

PRIVATDOCENT DER CHIRURGIE AN DER UNIVERSITÄT STRASSBURG i/E.

MIT 6 HOLZSCHNITTEN UND 1 TAFEL IN FARBENDRUCK.

STUTTGART.
VERLAG VON FERDINAND ENKE.
1879.

Druck von Gebrüder Kröner in Stuttgart.

Inhaltsverzeichniss.

Seite

Literatur IX

I. Verbrennungen.

Cap. I. **Begriff und Eintheilung der Verbrennungen. Nächste Einwirkung der Hitze auf den Organismus** 3
    §. 1. Definition der Verbrennung . . 3
    §. 2—6. Verbrennung und Entzündung . 3
    §. 7. Eintheilung der Verbrennungen 7

Cap. II. **Aetiologie der Verbrennungen** 8
    §. 8. Statistik 8
    §. 9—10. Wirkung strahlender Wärme . 9
    §. 11—12. Wirkung der Flamme . 10
    §. 13. »Schlagende Wetter« . . . 11
    §. 14. Die Selbstverbrennung . . 11
    §. 15. Wirkung heisser Körper 12
    §. 16—17. Wirkung ätzender Stoffe 13

Cap. III. **Die örtlichen Symptome und der örtliche Verlauf nach Verbrennungen** . 14
    §. 18. Verbrennungen ersten Grades 14
    §. 19. Verbrennungen zweiten Grades . . 15
    §. 20—23. Verbrennungen dritten Grades . . 17
    §. 24. Ungünstige Narbenbildungen 19
    §. 25. Wachsthumsstörungen durch Brandnarben 21
    §. 26. Verkohlung ganzer Extremitäten 21
    §. 27. Carcinomentwickelung auf Brandnarben 21

Cap. IV. **Die allgemeinen Symptome und die Todesursachen nach Verbrennungen** 22
    §. 28. Eintheilung 22

    I. Ursachen des rasch eintretenden Todes nach ausgedehnten Verbrennungen.
    §. 29. Verlauf der rasch tödtlich endenden Fälle 23
    §. 30. Temperaturverhältnisse nach ausgedehnten Verbrennungen 24
    §. 31—32. Sectionsbefunde in den Fällen 25

§. 33—40. Bisherige Theorien zur Erklärung des rasch eintretenden Todes nach Verbrennungen 26
§. 41. Tod bedingt durch reflektorische Herabsetzung des Gefässtonus 31
§. 42—46. Experimente über Todesursachen 31
   II. **Ursachen des Todes im Stadium der entzündlichen Reaction, sowie in dem der Eiterung und Erschöpfung.**
§. 47—48. Weitere Folgen der localen Zerstörungen 35
§. 49. Gefahren bei Ablösung der Schorfe 36
§. 50—55. Thrombosen und Embolien nach Erfrierungen. . . . 37
§. 56—57. Entzündungen der Hirnhäute, Nieren u. a. gleich nach der Verbrennung 43
§. 58. Fettige Degenerationen 44
§. 59. Entzündungen innerer Organe in späteren Stadien . . . 44
§. 60—62. Duodenalgeschwüre 45
§. 63. Pneumonie 47
§. 64. Häufigkeit der Entzündungen innerer Organe 47
§. 65. Tod durch allgemeine Erschöpfung bedingt 48
§. 66. Tod nach vollendeter Cicatrisation 48
§. 67. Tod nach Verbrennung durch ätzende und giftige Substanzen 48
   Anhang zu Cap. IV. Die accidentellen Wundkrankheiten nach Verbrennungen.
§. 68. Tetanus 49
§. 69. Erysipelas 49
§. 70. Pyämie 49

Cap. V. **Prognose** 50
§. 71—72. Prognose 50

Cap. VI. **Behandlung der Verbrennungen** 50
   I. Behandlung leichter und nicht sehr ausgedehnter Verbrennungen 51
§. 73—81 51
   II. Behandlung der sehr ausgedehnten, sowie auch der sehr tief gehenden Verbrennungen 55
§. 82—92 55
   III. Behandlung der übrigen Formen von Verbrennung 60
§. 93. Verbrennungen durch Pulverexplosion 60
§. 94. Verbrennungen durch ätzende Säuren und Alkalien . . . 60
   IV. Die durch die Verbrennung oder deren Folgen bedingten operativen Eingriffe 61
§. 95. Amputationen, Resectionen u. a. 61
§. 96. Tracheotomien 61
§. 97. 98. Plastische Operationen bei Verwachsungen 61

Anhang zu den Verbrennungen.
   I. Die durch den Blitz verursachten Verbrennungen 64
§. 99—102. Wirkung des Blitzes auf Körper und Haut . . . 64
§. 103. Blitzfiguren 66
§. 104. Allgemeine Symptome des Blitzschlages 68
§. 105. Paralysen nach Blitzschlag 68

		Seite
§. 106. 107. Statistik		68
§. 108. Therapie		69
II. Sonnenstich und Hitzschlag		69
§. 109. Definition		69
§. 110—112. Symptome		70
§. 113. Sectionsbefund		71
§. 114—115. Experimentelles		72
§. 116—117. Diagnose und Prognose		73
§. 118. Prophylaxis		73
§. 119. Therapie		74
§. 120—121. Geschichte des Hitzschlags		75

II. Erfrierungen.

Cap. I. **Aetiologie der Erfrierungen. Statistik**		79
§. 122. Aetiologie		79
§. 123—124. Wirkung der Kälte auf den Körper und die Haut		79
§. 125—126. Eintheilung der Erfrierungen		81
§. 127—135. Statistik der Erfrierungen		81
Cap. II. **Wirkung der Kälte auf den menschlichen Organismus**		87
§. 136—137. Widerstandsfähigkeit der Individuen und Racen		87
§. 138—140. Untere Temperaturgrenzen des Lebens der Organismen		88
§. 141—142. Einfluss der Kälte auf Gefässe und Blut		90
§. 143. Mal perforant du pied nach Erfrierungen		92
§. 144. Einfluss der Kälte auf Respiration		92
§. 145. Einfluss der Kälte auf Nerven und Nervencentren		93
§. 146. Einfluss der Kälte auf die Muskeln		93
§. 147. Die Leichen der Erfrorenen		94
Cap. III. **Symptome und Verlauf der Erfrierungen**		94
§. 148—151. Symptome und Verlauf der Erfrierungen ersten Grades. Experimente über Kältewirkung		94
§. 152. Symptome und Verlauf der Erfrierungen zweiten Grades		96
§. 153. Symptome und Verlauf der Erfrierungen dritten Grades		96
§. 154. Symptome und Verlauf der Erfrierungen vierten Grades		97
§. 155—157. Symptome und Verlauf der Erfrierungen fünften Grades		97
§. 158. Das Allgemeinbefinden		99
§. 159. Symptome allgemeiner Erfrierung		99
§. 160—161. Todesursachen nach allgemeiner Erfrierung		100
§. 162. Heilungsdauer der Erfrierungen		102
Anhang. §. 163. Die Frostbeulen		103
Cap. IV. **Prognose der Erfrierungen**		104
§. 164. Prognose allgemeiner Erfrierungen		104
§. 165. Prognose partieller Erfrierungen		105
§. 166. Accidentelle Wundkrankheiten		105
§. 167. Todesursachen im Stadium der entzündlichen Reaction		106
§. 168. Partielle Paralysen nach Erfrierungen		107
§. 169. Muskelcontracturen		107
§. 170. Gliedverluste		108

		Seite
Cap. V. **Therapie der Erfrierungen**		108
§. 171. Behandlung allgemeiner Erstarrungszustände		108
§. 172. Behandlung erfrorener Glieder		109
§. 173. Suspensionsmethoden		110
§. 174. Lister'scher Verband		112
§. 175. Operationstermin nach Erfrierungen		113
§. 176. Operative Eingriffe		114
§. 177. Deck- und Salbenverbände		115
§. 178. Behandlung erfrorener Nasen		115
§. 179. Behandlung der Frostbeulen		115

Literatur.

Verbrennungen.

Hippocrates: De ardoribus vehementibus etc. Oeuvr. complèt. trad. par Littré. Paris 1841. — Clower W.: A profitable and necessary book of observations for all those that are burned with the flame of Gun-Powder. London 1596. — Fabr. von Hilden: De ambustionibus etc. 1607. — Stahl: Dissert. de ambustionibus. Erfurt 1764. — Kirkland: Abhandlung von Brandschäden. Nürnberg 1769. — Ressig: Dissert. de igne et effectu in corp. hum. Wien 1777. — Cleghorn: Account of a particular method of curing burn and scald. 1792. — Kentisch: An essay of Burns etc. London 1797. — Earle: Means of lessening the effects of fire upon the human body. London 1799. — Kentisch: A second essay on burns. Newcastle 1800. — Parkinson: On the application of Spirit of wine to Burns Mem. of med. sc. of London 1799. — Medin: Diss. sistens observat. circa vulnera e combustione. Upsala 1804. — Rideau: Diss. sur la brûlure. Thèse de Paris 1805. — Moulinie: Brûlures. Thèse de Paris 1812. Nr. 87. — Dickinson: Remarks of burns etc. London 1818. — Dzondi: Ueber Verbrennung und das einzig sichere Mittel, sie in jedem Grade schnell und schmerzlos zu heilen. Halle 1825. — Georgi: Ueber weit um sich greifende und tief eindringende Verbrennungen. Leipzig 1828. — Bodin: Essai sur la brûlure. Paris 1830. — Ducurow: Diss. f. sur les brûlures etc. Thèse de Paris 1830. Nr. 52. — Dupuytren: Leçons orales de clinique chirurgicale I. S. 413. 1839. — Aronsohn: Mémoires et observations de médecine et de chirurgie pratique. Fas. I, Strasbourg 1839. — Low, James: On the post mortem appearances found after burns. Lond. med. gaz. 1839—40. I. — Magendi: Accident arrivé sur le chemin de fer de Versailles. Gaz. des hôp. 1842. — Lisfranc: De la manière d'employer le chlorure d'oxyde de sodium dans le traitement des brûlures. Journ. de méd. et de chir. Mars 1842. — Erichsen: On the pathology of burns. Lond. med. gaz. 1844. — Paillard: Mémoire sur les cicatrices de chaque degré de brûlure. Journ. hébdom. de méd. 1840. Tom. VIII. — Velpeau: Brûlure du coude, gangrène du membre. Amputation. Gaz. des hôp. 1848 p. 18. — Hervez de Chegoin: Du traitement local de la brûlure. Union méd. 1850. — Crampton: Reports on burns and scalds. Trans. of the provincial Med. and surg. Ass. 1851. Vol. XVIII. p. 19. — Curling: Med. chir. Transactions T. XXV on the ulceration of duodenum after burns 1842. — Timothy Holmes: Burns and scalds. System of Surgery edited by Holmes. Vol. I. p. 723. — Wilks: Guy's hosp. report. 3 Ser. T. VI. — Henry: Clinical Lecture. Lancet Dec. 19. 1859. — Lalluyeaux d'Ormay: Gaz. méd. de Paris 1859. — Schuh: Ueber Verbrennungen. Spital-Ztg. 1859. 4—6. — Brattler: Ueber Verbrennungen mit Phosphor. Bayrisches ärztliches Intelligenzblatt 1859. — Elben: Württemberg. Corresp.-Blatt 1859. April 5. — Busch: Mittel gegen Schiesspulververbrennung. Virch. Arch. XIV. — Skey: Med. Tim. and Gaz. Nov. 26. 1859. — Rossignol: Hydrotherapeutische Behandlung der Verbrennungen. Press. méd. Nr. 25 und 26. 1860. — Lustig: Umfangreiche Verbrennung. Pr. Vereins-Zeitung. N. F. III. 30. 1860. — Raoux: Fall von Verbrennung mit Phosphor. l'Union 110. 1860. — Bevan: Aspiriren heisser Dämpfe durch Kinder. Dublin Journ. of med. sc. Febr. 1860. XXIX.

— Pease: Drei Fälle von Verbrennung mit Oel und Baumwolle behandelt 1861. Americ. med. Tim. II. — Wilks: Sur les causes de la mort à la suite des brûlures chez les enfants (Arch. gén. de méd. et chir. XVII. 1861). — Eulenburg: Preuss. Ver. Ztg. N. F. IV. 1861 und Passavant: Bemerkungen über die Verbrennung des menschlichen Körpers u. s. f. 1856. Nr. 36. — Hebra: Ueber continuirliche allgemeine Bäder und deren Anwendung bei Behandlung von Verbrennungen. Allg. Wien. med. Ztg. VI. 43. 44. 1861. — Barton: Behandlung von Brandnarbencontracturen mittelst Apparaten. Dubl. quart. Journ. 1861. — Berend: Ueber Verbrennungscontracturen. Med. Centr.-Ztg. XXX. 80. 1861. — Baraduc: Des causes de la mort à la suite des brûlures superficielles, des moyens de l'éviter. Paris 1862. — Roser: Zur Behandlung der Verbrennungen. Arch. f. Heilk. 1862. — Saurel: Traité de chirurgie navale 1861. — Verneuil: Brandnarben an den Händen. Gaz. des hôp. 1863. — Buzzart: Tod durch Verbrennung. Lancet Jan. 1863. — Haasis: Behandlung. Ztschrft. für Wundärzte und Geburtshelfer XVI. 1863. — Wood: Autoplast. Operationen nach schwerer Verbrennung Lancet Jan. 1863. — Wulff: Verbrennung durch Phosphor. Petersburg. med. Ztschrft. III. 7. 1863. — J. H. James: Ueber Difformitäten nach Verbrennungen und die Eigenthümlichkeiten der Narben. Med. Times and Gaz. Sept. 5. 1863. — Verbrennung durch Phosphor. Journ. de Chem. méd. 4. Sér. X. p. 590. Oct. 1864. — Ollivier (Toulon): Incendie du bagne flottant le Santi Petri. Etude sur les états morbides présentés par 42 forçats à la suite de cette incendie. Arch. de méd. navale 1864. Tom. I. — Hutchinson: Innerer Gebrauch der Belladonna bei Verbrennungen. Med. Tim. and Gaz. Jan. 2. 1864. — Marty: Brûlure au premier et deuxième degré etc. Revue de Thérap. Journ. de méd. de Bruxelles. Sept. 1864. Verwerthung von Nussblätterextract. — Young Mirtl: Traitement des brûlures par la pommade soufrée. Repert. de Pharmacie 1863. Nov. — Packard, John: On a simple dressing for recent burns. Americ. Journ. of med. sc. 1864. — Vanderdaelen: De l'emploi de la chaleur modérée dans le traitement des brûlures graves. Nouveau mode de Pansement. Journ. de méd. de Bruxelles, Avril 1864. — O'Sullivan: Case of double perforation of the Duodenum from extensive burns. Dublin Quart. Rev. Jan. Febr. 1864. — Wood: Bedeutende Deformität des Daumens in Folge von Contractur durch Verbrennungsnarbe u. s. w. Lancet 1865. — Nutzen der Fol. laurocerasi gegen Verbrennung. Journ. de Chem. médicale 5. Sér. I. p. 156. Mars 1865. — Wysler: Zur Therapie der Verbrennungen. Arch. f. klin. Chirurg. VI. p. 774. 1865. — Thelmier: Des accidents dans les laboratoires de chimie. Thèse de Paris 1866. — Salzer: Ueber eine eigenthümliche Verkrümmung des Fusses und deren operativ orthopädische Behandlung. Oestr. med. Jahrb. Heft 3. 1866. — Mendenhall, E.: Treatment of burns. Amer. Journ. of med. sc. 1866. Empfiehlt 1 Th. Terpentinöl mit 2 Th. süsses Oel. — Lawson: Severe burn of the eye etc. Lancet 1866. — Guyon: Il Morgagni 1866. Empfiehlt Magnesia-Silicat bei Verbrennungen. — Guersant: Verbr. bei Kindern. Bul. de Thérap. LXXI. Nov. 1866. — Loffel: Verbr. 3. Grades. Gaz. des hôpitaux. 26. 1866. — Curling: Lancet Mai 1866. Perforation des Duodenum nach einer schweren Verbrennung. — Hebra: in Berichten des K. K. allg. Krankenhauses 1867. — Thiessen: Journ. f. Kinderheilkunde XLVIII. Febr. 1867. Ueber Verbrennung des Schlundes und Kehldeckels durch heisse Flüssigkeiten bei Kindern. — Hase: Verbrennung des Knies mit Eröffnung des Gelenks. Resection. Heilung. Deutsche Klinik 43. 1867. — Werner: Fälle von Verbrennung. Zeitschrift für Wundärzte und Geburtsh. XX, 2. S. 82. 1867. — Perret: Ueber Behandlung der Verbrennungen. Journ. de Chem. méd. 5 Ser. III Avril 1867. — Charière: L'Union 112, 113. 1867. — Blondeau: Gaz. des hôp. 134. 1867. — Hering: Arch. f. klin. Chirurg. XI. 1867. — v. Franque: Memorabilien XII. 6. 1867. — Wertheim: Wien. med. Wochenblatt 51. p. 144. 1867. — Cuthberston: Ulcerat. of duodenum after burn. Med. tim. and gaz. Sept. 1867. — Morton: Case of severe burn and bruise. Glasgow med. Journ. Sept. 1867. — Cabasse: Des brûlures etc. Gaz. des hôp. 130. 1867. — Perrie: On the use of carbolic acid in burns. Lancet II. Nr. 19. 1867. — Bonnefin: Des brûlures etc. Thèse Paris 1868. — Beveridge: Case of extensive destruction of face by fire. Med. Times and Gaz. April 1868. — Tuschek: Fälle von Verbrennungen, östr. Zeitschr. für prakt. Heilkunde, 19. 21. 1868. — Heineke: 2 Fälle ausgedehnter Verbrennung, Zeitschrift für Chir. u. Geburtsh. Nr. 3. 1868. Behandlung mit lauwarmem Fliederthee. — Bergmann: Fall von Verbrennung. Petersb. med. Zeitschr. XIV. 1. p. 59. 1868. — Fayrer (Calcutta): Heilung deformirender Brandnarben durch eine Operation. Med. Tim. and Gaz. 1868. Im zweiten von F. berichteten Falle war Carcinom in der Brandnarbe entstanden. — Lange:

Severe burn successfully treated by carbolic acid and oil. Amer. journ. of med. sc. Oct. 1869. — Winternitz: Die hydriatische Behandlung der Verbrennungen. Allg. Wien. med. Ztg. 1869. 17. 18. 19. — Post, Alfred C.: Contraction of the cicatrices of burns. New-York med. Journal. Aug. 1869. — Liégey: Fälle von Tod durch Verbrennungen und Erfrierungen. Journ. de méd. de Bruxelles. XLVIII. März 1869. — Mulvany: Brit. med. Journ. 1869. Petroleum gegen Verbrennungen. — Falk: Ueber die Bedeutung der Hautnervenreizung bei Verbrennungen, Reichert's und Dubois-Reymond's Archiv. 1870. S. 374. — Mendel, E.: Ueber die Ursachen des Todes nach ausgedehnten Verbrennungen. Vierteljahrsschrift für gerichtliche und öffentl. Medicin, neue Folge, Bd. XIII. 1870. — Iwaskewitsch: Ueber die pathol. anatom. Veränderungen der parenchymatösen Organe unter dem Einfluss höherer Temperaturen. Journ. für Militärärzte. 1870. — Feltz: Brûlures étendues. Altération du sang. Embolies capillaires des organes respiratoires etc. Gaz. des hôpitaux. 58. 1870. — Mosetig: 2 Fälle von Hautcroup nach Verbrennungen. Wien. med. Presse. 6. 7. 1870. — Kennedy: Burns and scalds. Phil. med. and surg. Rep. Juni. 11. 1870. — Buikerd: Probable mortality of scalds and burns, if great extend of surface be involved. Ibid. Sept. 10. 1870. — Skey: Some stray subjects of hosp. surgery. Lancet. Sept. 24. 1870. — Grippart: Amputation spontanée du pied droit. Gaz. hebd. de méd. et. chir. Nr. 25. 1870. — Müller: Pulververbrennung mit lethalem Ausgang. Leipzig. Dissert. 1870. — London hospital 1870. A burn. Death from profuse diarrhoea of three hours duration. Brit. med. Journ. July. — Falk: Virchow's Arch. LIII. 1871. Ueber einige Allgemeinerscheinungen nach umfangreichen Hautverbrennungen. — Hewson: On the use of earth as a dressing in severe burns. Phil. med. Tim. Juni 1871. — De Bruyne: Glycérole calcaire anesthésique pour le pansement des brûlures. Journ. de méd. de Bruxelles. Jan. 1871. — Snow: On oakum as a dressing for burns. Brit. med. journ. Juni 1871. — Andant: Litharge dans le trait. des brûl. Bull. gén. de thér. 15 Dec. 1871. — Legouest: Trait. des brûlures. Bull. gén. de thér. Avril 1871. — Neureutter: Combustio, Thrombose und Embolie im Arteriensystem. Wien. med. Presse. 15. 16. 1871. — Lersdorf: Baumwolle gegen Verbrennungen. Memorab. 15. 1870. — Nordström: 2 Fälle von Verbrennung mit Petroleum aus seiner Naturheilanstalt in St. Petersburg. Leipzig 1871. — Hüter: Med. Centralbl. 25. 1869. (Transfusion nach Verbrennung, in wenigen Tagen drei arterielle Transfusionen. Tod.) — Hofmann: Ob Verbr. während des Lebens oder nach dem Tode geschehen. Prag. Vjhrschrft. CV. 1870. — Harvey Philpot: Fall von Verbrennung mit nachfolgender Exfoliation eines grossen Stückes des Schädeldaches. 1871. — Cap: La brûlure traitée par l'osmose. Gaz. méd. de Paris. 4. 1872. (Wirkung schleimiger, gummöser und albuminöser Flüssigkeiten bei Verbr.) — Lister: Edinb. med. Journ. XVII. Aug. 1871. — Buck Gurdon: Fall von Narbencontractur am Halse nach Verbr. Amer. Journ. of med. sc. CXXV. 1872. — Redard, Paul: Arch. gén. de méd. 6. Ser. XIX. Janv. 1872. Sinken der Körpertemperatur nach schweren Verletzungen durch Kriegswaffen. — Bartels: Die Albuminurie als Krankheitssymptom. Kiel 1872. Mittheilungen aus dem Verein Schleswig-Holsteinischer Aerzte. — Czerny: Contractur durch Verbrennungsnarben. Wien. med. Wochenschrift. Nr. 23. 1872. — Dalzell: Ueber Anwendung der Alkal. bei Verbr. Med. Tim. and Gaz. Mai 1873. — Chairon: Ueber Verbrennung durch Petroleum. Bull. de l'académ. de méd. 2. Sér. II. 1873. — Little, P. C.: Some observations on cases of burns and their treatment. Med. Press and Circular. Jan. 21. 1874. — Dumas, Adolf: Masque adhérent produit sur la face par un jet de brai en fusion. Gaz. hebdom. de méd. et de chir. Nr. 13. 1874. — Tidd: The Clinic. V. 22. Nov. 1873. — Corley: Verbrühung der Glottis. Dubl. Journ. LVIII. Oct. 1874. — Gay, G. W.: The burns and scalds. The Boston med. and surg. journ. Sept. 1875. — Franz: Verbrennungen durch schlagende Wetter. Memorabilien. XX. Nr. 7. 1875. — Bertherand: De quelques accidents graves, souvent mortels, consécutifs aux grandes brûlures. Gaz. méd. de l'Algérie. Nr. 12. 1875. — Howard: Case of extensive burn etc. Dubl. Journ. of med. sc. Nov. 1875. — Bell: Case of extensive burns of lower extremities; recovery. The Lancet. Aug. 1875. — Newman: Three cases of operation for cicatrix after severe burns, mainly with reference to the value of antiseptic dressings. The med. Press and Circ. Aug. 25. 1875. — Quinlan: A method of curing some of the contractions in the neighbourhood of joints the result of burns and scalds. The med. press and circ. Febr. 1875. — Parker: Verbrennung des Knies, Nekrose, Amputation. Lancet. Sept. 1875. — Sympson: Verbrennung der Glottis. Heilung nach Tracheotomie. Brit. med. Journ. June 1875. — Friedberg: Tödtliche Verbrennung eines neugeborenen Kindes durch das erste Bad. Wien. med. Presse. XVI. 1875. — Bourguet: Ueber Verbrennung durch ein in den Bergwerken vorkommendes Gasgemenge aus Wasserstoff- und Kohlensäureverbindungen und über die Explosion desselben. Gaz. des hôp. 136. 139. 1875. — Duret: Gaz. méd. de Paris. 4. 1876. — Ponfick: Ueber den Tod nach ausgedehnten schweren Verbrennungen. Berl. klin. Wochenschrift. Nr. 17. 1876. — Awdakow: Die pathologischen Veränderungen der Gewebe bei Verbrennungen. Medicinischer Bote. 1876. Nr. 1. russisch. Referirt. Centralbl. für Chirurg. 1876. Nr. 25. S. 390. — Brown: Ueber Behandlung der Verbrennungen. Phil. med. Tim. VI. 226. — Léger: Ecchymosen im Dickdarm nach Verbrennung. Bul. de la soc. anatomiq. 3. 5. X. 3. p. 430. Juin—Juillet 1873. — Journal, Emil: Traitement des brûlures. Gaz. des hôp. Nr. 43. — Lauro, Bernardi: Il trattamento piu simplice e ricaro nelle gravi ustioni. Il Morgagni 1876. — Smart: On burns by Gunpowder and scalds by steam. Lancet. Sept. 23. 1876. — Hoefft: Schmerzlose, sichere und rasche Behandlung der Verbrennungen. Therapeutischer Scheidegruss an die Aerzte der Naturforscherversammlung zu Hamburg. 1876. Hamburg Grüning. — Jones: Contraction of the fingers from a burn treated by transplantation (The Lancet. 1877. Vol. I. p. 570). — Sonnenburg, E: Die Ursachen des rasch eintretenden Todes nach ausgedehnten Verbrennungen. Eine experimentelle Studie. Deutsche Zeitschr. für Chirurg. IX. Bd. S. 138. — Ponfick: Ueber die plötzlichen Todesfälle nach schweren Verbrennungen. Berl. klin. Wochenschrift. XIV. 47. 1877. — Busch: Ueber die Anwendung des Lister'schen Verfahrens bei Verbrennungen. Arch. für klin. Chir. XXII. 1. S. 151. — Hallbauer: Experimentalstudien über das Verhalten tiefer Brandwunden unter den Cautelen der Asepsis. Deutsche Zeitschr. für Chirurgie. IX. Bd. 5. 6. S. 381. — Hüter: Ein chirurg. Beitrag zur ätiologischen Lehre der Entzündung u. s. w. Ebenda IX. Bd. S. 401. — Bourguet: Verbrennungen durch schlagende Wetter und die durch die Explosion hervorgerufenen Zufälle. Gaz. des hôp. 76. 88. 79. 1877. Johnston: Soda treatment of burns and scalds. Brit. med. Journ. 1878. Vol. 11. p. 313. — Bartens: Ueber den Einfluss der strahlenden Wärme auf die Entstehung von Geisteskrankheiten. Zeitschr. f. Psychiatr. XXIV. 3. p. 296. 1877. (Vgl. auch Hitzschlag.) — Weisflog, Gustav: Zur Casuistik der Faradisation. Deutsch. Arch. f. klin. Med. XVIII. 4. u. 5. 1876. Anästhesirende Wirkung der Faradisation bei Verbrennungen. — Clean, Geo. C. Mc.: A case of severe burn. Bost. med. and surg. Journ. May 3. — Riddel, S.: Chloral in scalds and burns. Philadel. med. and surg. Report. January 6. (Chloralhydrat mit Oel 1 : 2 als Verbandmittel bei Verbrennung des Gesichts.)

Die durch den Blitz verursachten Verbrennungen.

Arago: Unterhaltungen aus dem Gebiete der Naturkunde, übers. v. Grieb. Bd. IV. — B. Brodie: Lectures on various subjects in Pathol. and. Surg. 1846. — Boudin: Traité de géographie et de statistique médicales. Paris 1857. Bd. I, p. 499. — Jack: Allg. med. Centralzeitung 1857. — Althaus: Med. electricity. Appendix. London 1859. — Andreas Pocci: Relation historique et théorie des images photoélectriques de la foudre observées depuis 1360 de notre ère jusqu'en 1860. — Annuaire du Cosmos p. 407. 1861. — v. Faber: Verletzungen durch den Blitz. Württemb. Corr.-Bl. 1858, Nr. 82. — A. Brüssel: Verletzungen durch den Blitz. Ungar. Ztg. 1859, X, 42. — Balostreri: Fall von Blitzschlag. Liguria med. Ann. univers. 175, p. 360, Febr. u. März. 1861. — S. Bront: Verletzungen durch Blitz. Lancet I p. 572, II p. 49, 1861. — Dan. Mackintosh: Fälle von Blitzschlag. Lancet II, July 1864. — W. Stricker: Die Wirkung des Blitzes auf den menschlichen Körper. Virchow's Archiv Bd. XX, p. 45; Bd. XXVIII, p. 552. — Rindfleisch: Ein Fall von Blitzschlag. Virchow's Archiv, 25, p. 417. — Kieser: Württemb. med. Corr.-Bl. 1862, S. 257. — Dillner: Inauguraldissertation. Leipzig 1865. — Boudin: Études sur les accidents causés par la foudre et sur les divers modes de fulguration. Mém. de méd. milit., Juni et Gaz. méd. de Paris 1864. — v. Franque: Memorabilien Nr. 2 S. 33, 1866. — Sycyanko (Charkow): Eine Amputation des rechten Beines durch Blitzstrahl. Berl. klin. Wochenschr., 21. 1868. — Barnes: The deaths from ligthning etc. Med. Tim. and Gaz. Juni 1868. — Richardson: B. W.: On research with the large induction coil of the Royal Polytechnic institution with special reference to the cause and phaenomena of death by lightning. Med. Tim. and Gaz. Mai, June, Aug.,

Sept. 1869. — Tourdes: Relation médicale de l'accident occasionné par la foudre le 13 juillet au pont du Rhin près Strasbourg 1869. — Holton: Remarkable instance of burn from lightning. Amer. Journ. of the med. sc., April 1869. (Leichte Verbrennungserscheinungen mit günstigem Verlauf.) — Sourier: Des accidents de la foudre. Recueil de mém. de méd. milit. 1869. — Thomas: Case of lightning stroke. Lancet Aug. 1870. — Wilson: ebenda, Juni 1873. — Ogston: On the effects of lightning. Edinb. med. Journ., March 1873. — Stricker, Wilhelm: Der Blitz und seine Wirkungen. Virchow's und Holtzendorff's Sammlung von Vorträgen, 164, Berlin 1872. — Jefferies: Three cases of lightning stroke. Brit. med. Journ., January 1876. — Ridder, Louis: Recherches sur les effets de la foudre attaignant le corps humain etc. Bull. de la soc. de Méd. de Gand, Juin 1876. — Bericht über Sitzung des allg. ärztl. Vereins zu Cöln 1877, in Berl. klin. Wochenschr., 5. April 1878. — Goguel, E.: Relation des accidents causés par la foudre au Camp de la Valbonne le 7 juin 1876. Rec. de mém. de méd. milit. 18 Nr. 3. — de Sotomayor: Coup de foudre au camp de Satory. Ibid.

Sonnenstich und Hitzschlag.

Die älteren Angaben über den Hitzschlag sind besonders in den militärchirurgischen Schriften von Schmucker (vermischte chirurg. Schrift. Bd. II, 1786), Mursinna (Bemerkungen über die Ruhr und das Faulfieber. Berlin 1787. S. 90), Hunter (Bemerkungen über die Krankheiten der Truppen in Jamaika 1792), Larrey (Rélat. histor. et chir. de l'expéd. de l'armée d'Orient. Paris 1803, p. 151), Rieke (der Tod durch den Sonnenstich u. s. w. Quedlinburg 1827) und anderen enthalten.

Wir führen hier noch eine Reihe neuerer Arbeiten an:

Stiles, C.: Bost. med. Journ. 1864. Jun. — Smart, C.: On sunstroke etc. Amer. journ. of med. sc. 1865. Apr. — Walther: Ueber tödtliche Wärmeproduction im thier. Körper. Bull. der Petersb. Academie XI. 17. 1866. — Passauer: Ueber Todesfälle durch Insolation u. s. w. Vierteljahrsschr. für gericht. Med. N. F. Bd. IV., 2. S., 185. — Ferber: Arch. f. Heilk., Bd. 9, Heft 5, 1868. — Jones and Pick: A case of sunstroke, death, autopsy. Lancet II, p. 114, 1868. — Bäumler: Case of heat-stroke. Med. Tim. and gaz., Aug. 1868. — Moutard: Gaz. des hôp. 15, 1868. — Jones: Lancet II, Jul. 1868. — Johnson: Pathologie and treatment of sunstroke. Brit. med. Journ. 1868. — Maclean: On the prevention and treatment of sunstroke. Lancet 1868, II. — Strange, W.: On sun fever etc. Brit. med. journ. 1868, S. 217. — Obernier: Der Hitzschlag. Bonn 1867. — Wagner, E.: Zur Kenntniss des Sonnenstichs. Schmidt's Jahrb., Bd. 129, S. 292. — Michaelis: Zur Conservation des Mannes. Marsch-Asphyxie. Allg. milit. ärztl. Ztg. Wien 1867, Sept. — Walther: Von der Wirkung strahlender Wärme auf den thier. Org. Centralbl. für med. Wiss. 1867, S. 770. — Helbig: 3 Fälle von Insolation. Diss. Leipzig 1868. — Lolliot: Gaz. des hôp., Févr. 1868. — M'Kendrick: Case of meningo-cerebritis (heat-stroke). Edinb. med. journ. 1868, Dec. — Levick: On heat fever. Pennsylvania hospital rep. I, 1868. — Meissner: Zur Lehre vom Hitzschlag. Schmidt's Jahrb., Bd. 141, S. 89, 1869. — Vallin, E.: Recherch. expérim. sur l'insolation etc. Arch. gén. IV, Sér. XV, 1870. — Salter: Treatment of a case of sunstroke by venaesection. Med. Tim. and gaz. 1870, Aug. 28, p. 236. — Jacubasch: Ueber den Hitzschlag auf Märschen. Mil. Blätter, Bd. XXIV, S. 229, 1870. — Catlin, A. W.: Coup de soleil followed by paralysis. Bost. med. and. sourg. journ. 1870, p. 306, Nov. — Statist. Sanitäts-Ber. f. d. k. preuss. Armee. Berl. 1870. — Vallin: Du mécanisme de la mort par la chaleur extér. Arch. gén. de méd., 1871 Dec. u. 1872 Jan. — Rosenthal: Zur Kenntniss der Wärmeregulirung etc. Erlangen 1872. — Thurn: Marschkrankheiten u. s. w. Berlin 1872. — Wood: Thermic fever or sunstroke. Philadelphia 1872. — Chlapham: Particulars of a case of sunstroke. Lanc. 1872, I. 464. — Jacubasch: Der Hitzschlag. Deutsch. milit.-ärztl. Zeitschr. 1873, S. 465. — Rothmund, von: Ueber den Sonnenstich. Bayr. ärztl. Intell.-Blatt 1873, Nr. 45. — Der Sonnenstich und Hitzschlag auf Märschen. Berlin. 1873. — Morache: Traité d'hyg. mil. Paris 1874. — Kapff: Ueber Marschdiät. Deutsche Klinik 43, 1873. — O'Leary: Two case of sunstroke etc. Army med. rep. 1872, London. — The med. and surg. history of the war of the rebellion 1861—65. Washington 1875, Part 1, Vol. I. — Barnett:

Hypoderm inj. of atropina in certain cases of sunstroke. Amer. journ of med. sc. 1875, Jan. — Soltmann, O.: 3 Fälle von Insolation. Jahrb. f. Kinderheilkunde N. F. 2, p. 164, 1875. — Köster: Zur Pathologie des Hitzschlags. Berl. klin. Wochenschr. 1875, Nr. 34. — Arndt, R.: Zur Pathologie des Hitzschlags. Virch. Arch. Bd. 64 (1875), — Claude Bernard's Vorlesungen über die thierische Wärme, übersetzt von Schuster. Berlin 1876, S. 311. — Hall: On the treatment of sunstroke. The practitioner 1876, March. — Siedamgrotzcky: Zwei Fälle von Hitzschlag. Berl. klin. Wochenschr. 1876. — Choffé: Journ. de Ther. III, p. 657, 1876. — Roth & Lex: Handbuch der Militärgesundheitspflege. Berlin 1877, III, S. 402. — Bartens: Ueber den Einfluss strahlender Wärme auf den Organismus. Allg. Zeitschr. für Psych., XXIV, 296, 1877. — Litten, M.: Virch. Arch. Bd. 70, S. 46, 1877. — Ullmann: Ein Beitrag zur Aetiologie und Prophylaxis des Hitzschlags. Berl. klin. Wochenschr. 1877, Aug. 6. — Wittelshöfer, L.: Der Sonnenstich im k. k. Heere. Der Militärarzt 1877. — Biedert: Hitzschlag. Deutsche militärärztl. Zeitschr. 1877, S. 406. — Knox: Cold douche and quinine in heat apoplexie. Lancet 1877, II, 415. — Labaye: Essai sur la forme cérébrale de l'insolation. Thèse Paris 1878, janv. — Lassagne: De l'insolation et coup de chaleur l'Union méd. 1878, janv. — Kirchner: Insolation und Refrigeration. Deutsch. mil.-ärztl. Ztg. 1878, S. 233, Mai. — Chas F. Parkes: Unusually high temperature in a case of sunstroke. Chicag. med. journ., Oct. 1878. — Liebl: Wien. med. Presse Nr. 25, S. 1142.

Erfrierungen.

Mylius: De pernione. Diss. 1671. — Mayer, J. C.: De pernionibus Diss. Altorfii 1680. — Wedel, Georg: De pernionibus. Jenae 1680. — Waldschmidt: De pernionibus. Diss. Marburg. 1787. — Robert: De pernionibus. Diss. Upsalae 1722. — Hamilton, Robert: De frigoris effectibus in corpus humanum. Diss. Edinb. 1738. — Luther, Johann: De frigore ejusque effectibus in corpore humano. Diss. Magdeburg 1740. — Neigefind: De noxiis effectibus frigoris in humanum corpus. Diss. Erfordiae 1740. — Junker: De pernionibus. Diss. Magdeburg 1745. — Cullen, Archibald: De frigore ejusque vi et effectibus in corp. hum. affectibus. Diss. Giessen 1780. — Poisson: De pernionibus. Thèse Paris 1780. — Berrut, Jakob: De pernionibus. Diss. Paris 1786. — Titius: De frigoris extremi in corpus humanum effectibus, caloris summi ad modum analog. Diss. 1795 Vitembergiae. — Lorain: Application de la méthode analytique à la recherche des effets du froid sur l'homme en santé et en maladie. Diss. inaug. Paris 1800. — Lagorge: Essai sur les effets généraux du froid et sur les moyens de rappeler à la vie les personnes engourdies par cet agent. Diss. inaug. Paris 1801. — Revet-Duvigneaux: Sur l'action du froid et sur l'asphyxie détérminée par cet agent. Paris 1813. — Stoekly: Sur la gangrène par congélation. Diss. inaug. Paris 1813. — Foudain: La gangrène par congélation. Montpellier 1814. — Champeaux: Comment l'air par ses diverses qualités peut influer dans les maladies chirurgicales? Mémoires sur les sujets proposés pour les prix de l'Académie royale de chirurgie. Paris an VI. — Larrey: Mémoires de chirurgie militaire P. IV. 1817. — Gerdy: Mémoire sur l'influence du froid sur l'économie animal. Journ. hebdomad. 1830 t. VIII. — Lacordière: Traité du froid 1839. — Gaymard: Résistance des animaux à la congélation: Biblioth. univ. de Genève t. XXVI. p. 208. 1840. — Martini: Ueber Erfrierungstod 1852 Nro. 11. — Haspel: Rapport sur les maladies, qui ont sévi sur l'armée d'Orient. Gaz. méd. 1855. — Schrimpton: Relat. med.-chir. de l'expédition de Bou-Thuleb. Constantine 1846. — Ladureau: de la gangrène par congélation. Lille 1848. — Ogston: On the morbid appearence in death by cold. British and foreign Med.-Chir. Review Vol. 32 u. 62 1855 u. 1861. — Legouest: Des congélations observées à Constantinople pendant l'hiver de 1854 à 1855. Mémoires de méd. et de chirurg. militaires T. XVI. 1855. — Valette: Sur les congélations. Mémoir. de méd. et de chir. mil. T. XIX. 1857. — Wardrop: on the treatment of Chilblain. Med.-chir. transact. Vol. V. — Ottensee: Ueber gründliche Heilung der Frostbeulen Siebold's n. Chiron. Bd. II. — Quellmalz: Haller's disp. anatom. t. IV. — Kollie: Ueber den Tod durch Kälte und über Congestionen im Gehirn. Sammlung zur Kenntniss der Gehirn- und Rückenmarkskrankheiten v. Gottschalk T. IV. — Scrive: Relat. méd. chirurg. de la campagne d'Orient. Paris 1857. — Baudens: La guerre en Crimée. Paris 1858, p. 139. — Copland: Dictionary of pract. med. t. I. 1854. — Justermann: Résultats des amputations à la suite des congélations des membr. inf. — Lorain: Behandlung partieller Erfrierungen. Gaz. des Hôp. 47. 1856. — J. Vacher de Lagrave: Gaz. des Hôp. 20. 1856. — Sükoff: Erfrorene Glieder nach der Priessnitz'schen Methode mit kaltem Wasser geheilt. Med. Ztg. Russlands. 17. 1857. — Maupin: Des congélations au point de vue de leur traitement par les opérations. Paris 1857. — Chassaignac: Ueber Amputation wegen Gangrän nach Erfrierungen. Gaz. des Hôp. 1857. Nr. 36. — Guerdan, A.: Die vier Grade der Verbrennungen und Erfrierungen und deren Behandlung mit Kreosot. Memorab. III. 3. 1857. — Marteau: De la congélation des extrémités inf. à l'armée de l'Orient. Thèse de Strasbourg 1857. — Decaisne, P.: Note sur un cas de congélation, qui a nécessité l'amputation des deux jambes. Arch. belges de méd. mil. et Gaz. méd. de Paris. 1858, p. 477. — Zaboltsky: Verbrennungen und Erfrierungen. Petersburg 1855. — Beau: Ueber erfrorene Glieder. Gaz. des hôp. 1858. — Sistach: Fall von Erfrierung beider Füsse. Gaz. des hôp. 1859. — Beck: Zur Absetzung der erfrorenen Glieder. Deutsche Klinik. 1858. Nr. 27, 28. — Martins: Du froid thermométrique et de ses relations avec le froid physiologique. Mém. de l'Académie des sciences de Montpellier. 1859. — Bertulus: De l'influence réelle ou propre de la chaleur, du froid etc. Montpellier 1859. — De Azevedo: Brand durch Erfrieren der Glieder. Gaz. med. de Lisboa 8; l'Union méd. 70. 1860. — Krajewski: Einwirkung grosser Kälte auf die menschliche Oeconomie. Gaz. des hôp. 1860. — Morel: Entzündliche Zufälle in Folge von harter Kälte. Gaz. des Hôp. 1861. — Küchler: Erfrierungsbrand. Deutsche Klinik. 40. 1862. — King: Doppelamputation beider Füsse wegen Erfrierungsbrand. Med. Times and Gaz. Sept. 13. 1862. — Schuh: Ueber Erfrierung. Spit.-Ztg. 50. — Delleux de Savignac: Wirksamkeit des Chlors gegen Erfrierungen. Bull. de Thér. 64, p. 168. Fév. 1863. — Testellin: Salbe gegen Erfrierungen und aufgerissene Haut. Bull. de Thér. 64. p. 166. Févr. 1863. — Dauvé: Amputation mit dem Astragalus wegen Erfrierung des Fusses. Gaz. des Hôp. 1865. — Walther: Beitrag zur Lehre von der thierischen Wärme. Virch. Arch. Bd. 25. p. 414. 1862. — Derselbe: Studien im Gebiete der Thermophysiologie. Arch. für Anat. und Physiolog. I. p. 25. 1865. — Adams: Verschwärung des Duodenums bei hochgradigen Erfrierungen. Amer. med. Times. VI. Febr. 28. 1863. — Förster: Würzburger Zeitschrift. 1864. II. p. 146. — Rosenthal, M.: Untersuchungen und Beobachtungen über Kältewirkung auf sensitive und motorische Nerven. Wien. med. Halle. V. 1—4. 1864. — Pirogoff: Grundzüge der allg. Kriegschirurgie. p. 115 und 116. — Pouchet: Recherches expér. sur la congélation des animaux Journ. de l'anatomie de Robin. 1866. — Benndorf, Moritz: Wachsartige und andere Degenerationen in den Muskeln des Unterschenkels nach Erfrierung. Arch. für Heilkunde. 1865. 5. — Sartorius: De vi et effectu caloris et frigoris ad vasa sanguifera. Bonnae 1864. — Luigi de Crecchio: De la morte per freddo. Il Morgagni. Nr. 7, 9, 10. 1866. — Beck, B.: Ueber den Einfluss der Kälte auf den thierischen Organismus. Deutsche Klinik. 1868. S. 58, 63, 72. — De Crecchio: Storia clinica di una paralisi per freddo. Il Morgagni. I. p. 39. 1868. — Rawlings, James: Fall von hochgradiger Erfrierung beider Füsse. Lancet I. 21. — Wertheim: Ueber Erfrierung. Experimentalphysiolog. Untersuchung. Wien. med. Wochenschrift. 19, 20—23. 1870. — Mathieu et Urbain: Arch. de physiol. normal et patholog. 1872. — Labord und Mignot: Gaz. hebdom. de méd. et de chirurg. 1871. Nr. 42. — Horvath: Beiträge zur Wärmeinanition. Wien. med. Wochenschr. Nr. 32. 1870 und weiter Centralblatt f. d. med. Wissenschaften. 1871. S. 531. — Richardson und· Mitschell: Auszug aus den Protokollen des deutschen ärztlichen Vereins zu St. Petersburg. Petersb. med. Zeitschrift. 1871. 4. 5. — King: Two cases of freezing. Philadelph. med. Tim. April 1871. — Bergmann: Zur Behandlung der Erfrierungen. Dorp. med. Zeitschrift. IV. Heft 2. 1873. — Hebra u. Kaposi: Hautkrankheiten. 2. Auflage. 1872. S. 275. — Boughter: Amputation beider Unterschenkel wegen Erfrierung. Tod am 21. Tage. Phil. med. Tim. III. 81. Mai 1878. — Santopadre, Ulysse: Behandlung der Erfrierungen mit Elektricität. Journ. de méd. de Brux. LVI, p. 523. — Kempe, P.: Fall von Erfrierung. Upsala lakareföretings förhandl. XI. 7. p. 663. — Glaser: Ueber Vorkommen und Ursachen abnorm niedriger Körpertemperaturen. Diss. Bern. 1878. — Riedinger: Ergotin gegen erfrorene Nasen. Arch. f. klin. Chir. XX. 1877. — Hoppe-Seyler: Physiologische Chemie. I. 1877. S. 14 ff. — Schrank: Ueber die Erfrierung des männlichen Gliedes. Mem. XXII. 10. p. 417. 1878.

Besonders wichtig war bei der Bearbeitung der Erfrierungen für den Verfasser ein ausführlicher Bericht, den er den Herrn DDr. Fremmert und Luppian in St. Petersburg verdankt. Durch Herrn Doc. Dr. Reyher in Dorpat an die betreffenden Herren gewiesen, waren dieselben so liebenswürdig, ihre reichen Erfahrungen in einer Abhandlung mitzutheilen, betitelt: **Vorläufige Mittheilung aus einem Bericht über die während des letzten Decenniums im Obuchow-Hospital zu St. Petersburg behandelten Erfrierungen, von den Ordinatoren dieses Krankenhauses, den DDr. H. Fremmert und A. Luppian.**

Für die freundliche Ueberlassung ihrer Resultate zu etwaiger Verwerthung spricht der Verfasser seinen besten Dank aus.

Ferner erhielt der Verfasser einen Bericht aus dem letzten russisch-türkischen Feldzuge, den er der Liebenswürdigkeit des Dr. Selenkoff in St. Petersburg verdankt, allerdings erst während der Correctur dieser Abhandlung, so dass nur wenige Notizen noch aufgenommen werden konnten. Dr. Selenkoff war damals Vorstand des evangelischen Kriegs-Lazareths zu Sistova und hatte eine grosse Anzahl von Erfrorenen zu behandeln. Diese hatten nach der Erfrierung einen langwierigen Transport bei 15° Kälte und ungenügender Kleidung und Nahrung zwei Wochen lang durchzumachen gehabt, ehe sie in dem betreffenden Spitale Aufnahme fanden. Selbstverständlich, dass bei diesen heruntergekommenen Individuen keine zu glänzenden therapeutischen Erfolge erwartet werden konnten. Trotzdem war die Mortalität gering.

I.
Verbrennungen.

Cap. I.

Begriff und Eintheilung der Verbrennungen. Nächste Einwirkung der Hitze auf den Organismus.

§. 1. Die Verbrennung (combustio, brûlure, burn) ist eine durch Einwirkung hoher Hitzegrade hervorgerufene Verletzung, und zwar pflegt man sowohl den Act der Hitzeeinwirkung, als auch die Folgen derselben als Verbrennung zu bezeichnen.

Alle Körper, welche Wärme abgeben oder ausstrahlen, können Verbrennungen verursachen, mögen die Körper gasförmig, flüssig oder fest sein.

Der Grad, in welchem die Hitze auf organische Körper einwirkt, kann sehr verschieden sein. Zwar ist es noch nicht genau festgestellt, bei welchem Temperaturgrade zuerst Veränderungen der Haut entstehn. Dass selbst Wärmegrade, welche eine Temperatur von 37^0 C. nur wenig oder gar nicht übersteigen, bei Menschen, besonders bei Kindern mit zarter Haut alle Zeichen und Folgen der Verbrennung zu bewirken im Stande sind, dafür kann man zahlreiche Beispiele anführen.

Die Verbrennung wird je nach der Beschaffenheit des heissen Körpers, nach seiner Wärmecapacität, nach der Dauer seiner Einwirkung und schliesslich nach den Theilen, auf welche er einwirkt, sehr verschieden ausfallen. Es wird daher den höchsten Wärmeeinwirkungen nicht immer die höchste Entzündung zu folgen brauchen. Je längere Zeit die brennende Substanz auf einem Körpertheile verweilt, um so tiefer wird die Verbrennung ausfallen, berührt er ihn aber kaum, so ist die Verletzung oberflächlicher. So verursacht kochendes Wasser, welches über den Handrücken sich ergiesst, eine weniger intensive Verbrennung, als wenn es sich zwischen Haut und Kleider ergiesst. Im letzteren Falle dauert seine Einwirkung länger, weil es nicht frei abfliessen kann. Ausserdem wird eine Verbrennung unter sonst gleichen Verhältnissen um so intensiver sein, wenn sie Theile der Körperoberfläche betrifft, welche gewöhnlich von Kleidern bedeckt sind, und woselbst die Haut zarter ist.

§. 2. Kann eine Verbrennung wirklich Ursache der Entzündung sein oder giebt sie nur den Anlass zur Entzündung? Die Frage ist grade in der neuesten Zeit, in Zusammenhang mit der ganzen Entzündungslehre, Gegenstand heftiger Controversen geworden, auf die hier sich einzulassen, nicht der Ort ist. Wir schliessen uns in dieser Frage vorläufig den Ansichten Cohnheim's an.

§. 3. Die Wirkungen geringerer Temperaturgrade auf die Haut sind im Allgemeinen noch nicht als entzündliche Erscheinungen zu betrachten, sondern es handelt sich dabei um einfache thermische Einwirkungen auf den Kreislauf. Die Röthe, welche als Zeichen eines geringen Grades von Verbrennung auftritt, ist eine einfache mechanische Kreislaufstörung. Es wirkt die Wärme direkt erschlaffend auf die Muskulatur der Arterien. Schon O. Weber und in neuerer Zeit Cohnheim, Hallbauer u. A. beobachteten als direkte Einwirkung der Wärme rapide Erweiterung der in der Nähe der Brandwunde gelegenen Arterien, Venen und Capillaren, beiläufig etwa auf das Drei- und Vierfache ihres normalen Lumens. — Nach einiger, meist kurzer Zeit, erfolgt der Ausgleich, besonders dann, wenn die Einwirkung auch kurzdauernd war [1]). Nur selten hält die Röthung längere Zeit an, äusserst selten das ganze Leben hindurch.

Gewöhnlich folgt, nachdem eine derartige Röthung in Folge von Hitzeeinwirkung längere oder kürzere Zeit bestanden hat, Ablösung der äussersten Epidermislagen. Diese Erscheinung erklärt sich aus dem Abhängigkeitsverhältniss der Ernährung der Epidermis von den Vorgängen im Papillarkörper. Jede Hyperämie bedingt eine Störung in der Ernährung der Epidermis. Durch diese Störung entsteht eine Scheidung der Epidermis in einen schlechter genährten äusseren und einen besser genährten inneren Theil. Es entsteht eine Lockerung der Epidermis zwischen Hornschicht und Schleimschicht ohne Exsudation. Kommt es dann beim weiteren Wachsthum der Epidermis zur Ablösung der ältesten Theile, so zeigt eine vorzeitige Mitablösung aus den tiefer gelegenen Theilen, den jüngeren Schichten des Hornblatts, dass diese vorzeitig abgestorben und von ihrem Mutterboden getrennt sind.

§. 4. Bei etwas intensiverer Hitzeeinwirkung (60° und mehr Grade), besonders auch bei etwas längerer Dauer der Einwirkung der Wärme, treten weitere Erscheinungen auf, welche die Verbrennung in die Reihe der Entzündungsprocesse bringt. Es bildet sich ein Transsudat zwischen Hornschicht und Schleimschicht, welches erstere abhebt. Es kommt zur Blasenbildung im Rete Malpighii.

Der wichtigste Moment, welches dieses Stadium der Verbrennung von dem ersten, der einfachen Röthung, unterscheidet, ist, dass die einfache Wallung zur Transsudation gesteigert wird, dadurch aber erst zur Entzündung wird. Es deutet dieser Umstand auf eine Alteration der Gefässwände hin. Cohnheim und Lassar [2]) haben aber auch aus der Menge und Beschaffenheit der Lymphe bewiesen, dass man es bei der Verbrennung mit einer wahren Entzündung zu thun hat. Lassar

---

[1]) Billroth sah nach Auflegen eines zu heissen Cataplasma auf die innere Seite des Oberschenkels 2 Stunden nachher die vorher ganz blasse Haut intensiv roth und geschwollen, und nach 24 Stunden war noch etwas von dieser Röthe sichtbar, die dann völlig verschwand.

[2]) Virchow's Archiv. Bd. 69.

zeigte, dass die Entzündungslymphe sich quantitativ und qualitativ von der normalen Lymphe und der Stauungslymphe unterscheidet. Denn bei der Entzündung findet nicht allein eine Steigerung des Lymphabflusses statt, sondern auch die Beschaffenheit der Lymphe ändert sich. Die Entzündungslymphe ist eine gelbe zähe Flüssigkeit, welche rothe Blutkörperchen nur in geringer Zahl, weisse aber in grossen Mengen enthält. Ausserdem zeigt sich eine grosse Neigung zu gerinnen, während die Stauungslymphe eine dünnflüssige, leicht röthlich tingirte, langsam und unvollständig gerinnende Flüssigkeit darstellt. Ausserdem sind die Transsudate bei Entzündungen sehr concentrirt und enthalten bis 8% festen Rückstandes. Die Salze haben dabei gar keinen Antheil. Die Concentration kommt allein durch den grösseren Reichthum an Eiweiss zu Stande. Die Concentration steigert sich mit der Dauer der Entzündung. Die Neigung zu gerinnen ist bedingt durch den Reichthum an farblosen Blutkörperchen.

Alle diese Eigenschaften besitzt aber das bei Verbrennung in Form von Blasen auftretende Transsudat.

Das kann man nicht allein auf experimentalem Wege beweisen (s. w. unten), sondern auch bei frischen Verbrennungen kann man aus der verschiedenen Beschaffenheit der Lymphe, des Blaseninhalts sich leicht davon überzeugen. Bei hochgradiger ausgedehnter Blasenbildung, überhaupt in den Fällen, in denen die Verbrennung etwas intensiver ist, findet man in den Blasen eine geronnene gallertartige Masse, die dieselben, oben von der Entzündungslymphe beschriebenen Eigenschaften besitzt. Es ist oft schwer, nach Oeffnen der Blase die gallertartigen Massen aus denselben zu entfernen. Bei geringeren Verbrennungen und unmittelbar nach der Verletzung, ist der Inhalt der Brandblasen meist dünnflüssiger.

Es kann nun durch Berstung der Blase oder in Folge der normalen Abschilferung sich die Lymphe entleeren. Nach Abfliessen oder Vertrocknen der ergossenen Flüssigkeit liegt entweder normale Epidermis schon wieder an der Oberfläche oder es treten anderweitige Erscheinungen auf, die wir bei der Symptomatologie der Verbrennungen zu besprechen haben werden.

§. 5. Durch höhere Temperaturen oder durch Einwirkung höherer Hitzgrade längere Zeit hindurch, sterben die Gewebe ab und sind der Nekrose rettungslos verfallen. Die wirklich extremen Temperaturen schädigen durch Coagulation des Eiweiss und durch Wasserentziehung. Auf der einen Seite werden die Gewebszellen, auf der anderen die Blutgefässe derart alterirt, dass eine restitutio in integrum unmöglich ist. Aber selbst durch mässige Temperaturgrade, wenn sie nur längere Zeit einwirken, kann es zur Nekrose der Gewebstheile kommen. Die wichtigste Ursache dabei ist jedenfalls der Umstand, dass die Stoffwechselvorgänge bei so abnormen Temperaturen gar nicht oder in so abnormer Weise verlaufen, dass damit das Leben der Theile auf die Dauer nicht verträglich ist. Wie weitgehend und wie tief in dem einzelnen Falle die Nekrose sein wird, und wie die angrenzenden Gewebe sich den nekrotischen, abgestorbenen Massen gegenüber verhalten, werden wir später erörtern.

Ausgedehnte Verbrennungen rufen ausserdem in ihrer Einwirkung auf den Gesammtorganismus eine Reihe von Erscheinungen hervor, die von den allgemeinen Folgen anderer schwerer Verletzungen wesentlich abweichen und vorläufig noch manches Merkwürdige, Unaufklärbare darbieten. Auch hierüber verweisen wir auf die späteren Abschnitte.

Nach Cohnheim kann man die durch Hitzeeinwirkung hervorgerufenen und bisher besprochenen Erscheinungen sehr schön am Kaninchenohr demonstriren.

Taucht man das Ohr eines Kaninchens in ein Wasserbad von 45°, so sieht man eine bedeutende Erweiterung und Injection sämmtlicher Gefässe.

Dass es hier in der That sich um eine direkte Einwirkung auf die Gefässmuskeln handelt, kann man dadurch nachweisen, dass die enorme Erweiterung aller Gefässe ebenso eintritt und weit stärkere Grade erreicht, wenn man das Ohr vorher an seiner Wurzel fest umbindet, es dann in heisses Wasser taucht und sofort nach der Herausnahme die Ligatur löst. Nach einer einfachen, kurzdauernden Abbindung würde die Erweiterung nie so hohe Grade erreichen.

Nimmt man etwas heisseres Wasser, etwa 50—60°, und taucht in dasselbe für einige Augenblicke ein Kaninchenohr, so tritt sofort eine heftige rosige Schwellung auf, die noch bedeutender wird, wenn die Einwirkungsdauer grösser ist. Diese Schwellung ist bedingt durch eine Transsudat und es sind jetzt alle Erscheinungen für eine Entzündung da, Schmerz, Hitze, Röthe, Schwellung. Unter Einwirkung des heissen Wassers wird mithin der Entzündungsprocess am raschesten und sehr präcise eingeleitet.

Wenn man endlich bei einem kräftigen und gut genährten Hunde eine Canüle in eines der Lymphgefässe des Unterschenkels einlegt, so überzeugt man sich, dass nur geringe Mengen Lymphe aus der gesunden Pfote zu gewinnen sind. Schlingt man darauf einen Kautschukschlauch unterhalb der Canüle um den Knöchel der Extremität und taucht die Pfote während mehrerer Minuten in heisses Wasser (55°), löst sodann, nachdem die Pfote aus dem Wasser herausgenommen, abgetrocknet ist, den Schlauch, so beginnt aus der Canüle die Lymphe in schönster Weise zu tropfen. Erst ganz allmählig, während die Lymphe fortwährend in gleicher Menge abfliesst, entwickelt sich die Entzündungsgeschwulst. Die Vermehrung des Lymphstromes findet also zu einer Zeit statt, in der von einer Ansammlung des Exsudats noch keine Rede sein kann. Die betreffende Lymphe zeigt dann die weiter oben näher erwähnten charakteristischen Eigenschaften (Lassar).

§. 6. Hüter[1]) steht diesen durch die Verbrennung hervorgerufenen Erscheinungen gegenüber auf einem ganz anderen Standpunkte. Er sieht nämlich in der Verbrennung nicht eine Ursache zur Entzündung. So meint er (Allg. Chirurg. Leipzig 1875), dass erst dann, wenn z. B. die Hornschicht über der Blase stark gespannt ist, dieselbe dann als Schutz insufficient und permeabel für Monadenkeime werde. Diese dringen durch das Rete Malpighii in den Papillarkörper ein, es kommt zur Eiterung in der Blase. Jetzt ist erst die Entzündung da. Ferner sich stützend auf Versuche, die Hallbauer[2]) unter seiner

---

[1]) Deutsche Zeitschrift für Chirurg. Bd. IX, S. 401.
[2]) Ebenda Bd. IX, S. 381 ff.

Leitung machte und die zum Resultate führten, dass Brandschorfe in den Muskeln durch Cauterisation mit dem Thermocauter hervorgerufen, die prima intentio durchaus nicht stören, hält er (Deutsche Zeitschrift für Chirurg. IX. Bd.) die Glühhitze an und für sich nicht für entzündungserregend. Sie giebt nur Anlass zur Entzündung, wenn noch andere Entzündungserreger (Bakterien) sich hinzugesellen. Auch die Blasen, die sich gleich nach der Verbrennung erheben, will er nicht als Zeichen von Entzündung gelten lassen. Sie verdanken nach Hüter ihre Entstehung nur thermischen Kreislaufstörungen. Die verbrannten Theile befinden sich nur im Zustande der Stasis und die Entzündung tritt erst hinzu, wenn man die in Stasis befindlichen Theile vor dem Eindringen der Entzündungserreger nicht schützt.

§. 7. Es ist von jeher üblich gewesen, die Verbrennungen nach ihrer Intensität in verschiedene Grade einzutheilen. Die meisten älteren Eintheilungen sind längst ausser Gebrauch. Erhalten haben sich nur wenige, und wenn auch kaum ein Bedürfniss besteht, diese Art von Verletzung systematisch in verschiedene Grade einzutheilen, so kann man nicht leugnen, dass durch Zahlenbezeichnung eine Beschreibung erspart wird. Man muss nur selbstverständlich, wenn ein praktischer Vortheil gewährt werden soll, eine allgemein angenommene Eintheilung zu Grunde legen und diese muss wiederum möglichst einfacher Art sein.

Von den älteren, früher üblichen Classificationen seien nachstehende hier erwähnt.

1) **Fabricus Hildanus**, der überhaupt zuerst die Verbrennungen eintheilte, unterschied folgende Grade: a) Hautröthung und Blasenbildung, b) Austrocknung, Verhornung der Haut ohne Eschara, c) Escharabildung und Verkohlung.
2) **Delpech** nimmt 2 Grade an: a) Entzündung, b) Zerstörung, Brand (nach Wernher).
3) **Boyer** 3 Grade: a) Röthung, b) Blasenbildung, c) Escharabildung.
4) **Heister, Rust, Bichat, Chelius, Callisen** nahmen 4 Grade an: a) Röthung, b) Blasenbildung, c) oberflächliche Eiterung, d) Escharabildung.
5) **Richter**: a) gelinde Röthe, b) Röthe mit Geschwulst, heftigem Fieber, c) Blasenbildung, kalter Brand.
6) **Hunter**: a) oberflächliche Entzündung, b) tiefere Entzündung, c) Hautkrustenbildung, d) tiefere Verkohlung.
7) **Dupuytren** gab folgende 6 Grade der Verbrennungen an: a) Röthung, b) Blasenbildung, c) oberflächliche Gangrän der Haut, d) Gangrän der Haut in ganzer Dicke, e) Gangrän der Weichtheile bis auf den Knochen, f) vollständige Verkohlung der betreffenden Theile.

Diese Eintheilung Dupuytren's ist die jetzt noch in Frankreich allgemein übliche und gilt daselbst als classisch.

Bei uns in Deutschland hat man allgemein die auch von Boyer angegebene einfache Eintheilung: 1) Röthung, 2) Blasenbildung,

3) **Escharabildung**, eine Eintheilung, welche den Processen Hyperämie, Entzündung, Nekrose am meisten entspricht, allgemein angenommen. Wenn wir daher in der Folge hie und da von einer Verbrennung ersten, zweiten oder dritten Grades reden, so haben wir diese Eintheilung dabei im Sinne.

Cap. II.
Aetiologie der Verbrennungen.

§. 8. Die Verbrennungen kommen verhältnissmässig häufig vor, zumal wenn man bedenkt, dass der Arzt eine ganze Reihe leichterer Verbrennungen in der Praxis gar nicht zu sehen bekommt, da diese meist mit Hausmitteln behandelt werden. Auch richtet sich das häufige Vorkommen von Verbrennungen offenbar nach den Sitten, der Lebensart und den Gewohnheiten eines Volkes, und wird die Zahl der Verbrennungen und Verbrühungen in den einzelnen Ländern sehr variiren. So sind beispielsweise in England die Verbrennungen und Verbrühungen ungleich häufiger als bei uns. Es kommt dieses zum Theil daher, dass es in England wenig geschlossene Oefen, sondern meist Kamine mit offenem Feuer giebt, die selbstverständlich für Entzündung der Kleider viel gefährlicher sind als Oefen. Weiter sind Verbrühungen des Kehlkopfs durch siedendes Wasser, die bei uns selten, in England verhältnissmässig häufig, indem die Kinder dort leicht zu dem siedenden Theekessel gelangen können und nicht selten daraus trinken, da in den ärmeren Classen die Gewohnheit besteht, den Kindern durch die Mündung des Theekessels kaltes Wasser zu verabreichen.

Die Statistiken grösserer Hospitäler zeigen nun, dass die Zahl der an Verbrennungen Gestorbenen im Verhältniss zu den an anderen Verletzungen Gestorbenen ganz ungemein gross ist. Aber wir müssen bedenken, dass in den Spitälern meist nur die schweren Fälle aufgenommen zu werden pflegen, d. h. meist sehr ausgedehnte oder sehr tiefgehende Verbrennungen, in deren Verlauf eine ganze Reihe tödtlicher Complicationen auftreten können. Die ambulant behandelten Fälle verlaufen meist sehr günstig. Crompton (Registrar-General's report for 1845 citirt nach Holmes) giebt an: in einem Jahre starben an den Folgen mechanischer Verletzungen irgend welcher Art 3305 Menschen, — in der gleichen Zeit 3057 an den Folgen von Verbrennungen, von diesen letzteren 248 durch Explosionen, 2909 durch Verbrennungen im engeren Sinne; von diesen letzteren 2909 waren 2274 Kinder unter 10 Jahren, also nur 635 Erwachsene. Von 204 Fällen von Verbrennungen im Boston City Hospital während eines Zeitraumes von 11 Jahren (bis 1875) betrafen 111 das weibliche Geschlecht; hier vertheilen sich die Verbrennungen ziemlich gleichmässig auf das Alter von 10—70 Jahren. In der Hälfte der Fälle war die Ursache siedende Flüssigkeit. Die schwersten Fälle entstanden durch Petroleumverbrennungen, davon endeten $^{2}/_{3}$ letal [1]).

---

[1]) Ich muss mich hier auf diese wenigen Zahlen beschränken, aus denen übrigens sich auch nicht viel ersehen lässt. Statistische Erhebungen in Bezug auf

§. 9. Die Einwirkung hoher Wärmegrade auf den Körper kann in sehr verschiedener Weise zu Stande kommen, und sich sehr verschieden in Beziehung auf Extensität und Intensität verhalten. Die Art und Ausdehnung einer Verbrennung wird sich darnach richten, ob strahlende Wärme in grösserer oder geringerer Entfernung, oder der direkte Einfluss der Flamme brennender Substanzen, oder endlich die direkte Berührung heisser Körper sie hervorgerufen hat. Ausserdem bewirken aber auch concentrirte Säuren und alkalische Substanzen Verletzungen verschiedener Grade, die mit den Verbrennungen im Allgemeinen übereinstimmen.

§. 10. Von den Ursachen der Verbrennungen erwähnen wir zunächst: a) Strahlende Wärme. Am Häufigsten findet man leichte Arten von Verbrennungen (Erytheme) durch Einwirkung strahlender Wärme im Sommer bei Individuen mit zarter Haut, die sich den Sonnenstrahlen aussetzen. So macht jeder Tourist bei sich selber leicht die Erfahrung, dass besonders in den ersten Tagen nach Märschen bei heiterem Himmel die unbedeckten Theile, Kopf, Gesicht, Hals roth werden, anschwellen und sehr schmerzen. Die oberflächliche Schicht der Epidermis löst sich in den nächsten Tagen in Fetzen ab, nachdem vorher Risse in derselben entstanden sind und manchmal bleiben noch für Wochen und Monate die verbrannt gewesenen Theile roth. Auch auf der Schleimhaut, z. B. der Lippen, wird durch Einwirkung der Sonnenstrahlen eine Ablösung der Epithelialschicht bedingt. Da diese sich nur langsam ersetzt, so kann längere Zeit ein „blenorrhoischer Zustand" der Lippen zurückbleiben. Bei Individuen mit noch zarterer Haut bilden sich manchmal auch durch Einwirkung der Sonnenstrahlen Bläschen, die als sogenanntes Eczema solare sehr lästig sein können, aber leicht zu bekämpfen sind. Das vorherige Einreiben der Haut mit Glycerin, Cold Cream u. dgl. schützt gewöhnlich sowohl vor dem Erythema als Eczema solare. — Auch eine chronische Wirkung der Sonnenstrahlen kann man beobachten, das sogenannte Einbrennen. Dahin gehören die Sommersprossen, ferner bei Leuten, welche immer im Freien arbeiten, findet man die den Sonnenstrahlen stetig ausgesetzte Haut besonders trocken, faltig, das Gesicht wird früh runzlich, so dass diese Leute meist älter aussehen, als sie es sind. Es entwickelt sich ein gleichmässig brauner Teint. Aehnliche Erscheinungen beobachtet man ebenso bei Leuten, welche künstlich erzeugter Hitze sich aussetzen, also Bäckern, Glasbläsern, besonders auch bei Individuen, die häufig auf Kohlenbecken hocken, oder ihre Füsse stets auf Kohlenbecken halten, wie z. B. Marktweiber im Winter. Die Epidermis verdickt sich, die Haut wird dunkel, trocken, bekommt Schrunden. Es entstehen aus diesen weiter manchmal Ulcerationen, die schwer zu heilen sind.

Nebenbei sei hier erwähnt, dass die strahlende Wärme auch

---

die Ursachen der Verbrennungen hätten an und für sich kein grosses Interesse und wären bei der Unvollständigkeit der betreffenden Berichte überhaupt nicht zu machen. Grösseren Werth hätten allerdings schon Zahlenangaben über die Häufigkeit dieses oder jenes Befundes bei den Autopsieen derer, die an den Folgen der Verbrennung zu Grunde gingen. Aber auch hier ist wegen Unvollständigkeit, Einseitigkeit und zum Theil auch Unzuverlässigkeit des zur Verfügung stehenden Materials die Möglichkeit genommen, irgend Angaben von Werth zu machen und haben wir desswegen darauf verzichten zu müssen geglaubt.

manchmal Einfluss hat auf die Entstehung gewisser Geisteskrankheiten. Vgl. die Fälle bei Bartens [1]).

Ueber den sogenannten „Sonnenstich" s. den Anhang II zu diesem Abschnitt.

§. 11. b) **Einwirkung der Flamme.** Das einzige Brennbare am Körper ist das Fett. Die Cutis, mit Ausnahme der mit etwas Fett überzogenen Haare auf derselben, brennt nicht, sondern trocknet ein und verkohlt dann, durch die Risse dringt das flüssig werdende Fett des Unterhautzellgewebes durch und dieses brennt dann mit heller Flamme für einen Augenblick. Davon kann man sich auch bei Operationen leicht überzeugen. Wenn man mit dem glühenden Thermocauter von Paquelin z. B. das Fett der Operationswunde berührt, so flammt dieses einen Augenblick auf, doch brennt es nicht weiter, man braucht nicht zu löschen, weil gar keine Möglichkeit des Weiterbrennens vorliegt. Es kann der Körper mit Hülfe von anderen brennenden Körpern vollständig verbrannt werden, wie die Leichenverbrennungen es ja auch beweisen, aber er selbst liefert nicht genügend Material zum eigenen Verbrennen. Es wird nun wohl selten vorkommen, dass der Körper oder ein Theil desselben so weit der Flamme ausgesetzt wird, dass nur die Flamme, nicht auch die brennende Materie mitwirkt. Wenn die Kleider Feuer fangen, so wirkt neben der Flamme immer noch die Hitze der verbrennenden und verkohlenden Kleider. — Bei Explosionen von Pulver und durch „schlagende Wetter" werden meist durch die einen Moment einwirkende Flamme Verbrennungen ersten und zweiten Grades verursacht, doch wird grade bei Pulverexplosionen auch Schorfbildung beobachtet. Die Flamme entzündet Bart und Haare. Bei Pulverexplosionen wirkt noch der Luftdruck und die dadurch fortgeschleuderten Körper eigenthümlich mit. Man findet nämlich häufig sehr viele Kohlenpartikel in der Cutis stecken, welche dort vollständig einheilen, wodurch ein eigenthümliches gesprenkeltes, dunkelblau schwarzes Aussehen entsteht. Die Entfernung dieser oft sehr entstellenden Fremdkörperchen stösst meist auf grosse Schwierigkeiten. Nach Pulververbrennungen ist die Wundfläche mit einem schwärzlichen nach Schwefel riechenden Belag bedeckt.

§. 12. Durch Explosion von Leuchtgas entstehen ziemlich häufig Verbrennungen. Gewöhnlich kommen dieselben dadurch zu Stande, dass Individuen mit brennendem Lichte in ein Zimmer hineingehen, in welchem aus Versehen ein Gashahn offen geblieben war. Die Verbrennung betreffen meistens die von den Kleidern nicht bedeckten Theile, Gesicht, Hals, Hände u. dgl. und sind ersten und zweiten Grades. Doch können selbstverständlich die Kleider in Brand gerathen und weitere Verbrennungen verursachen. Dass manchmal auf Abtritten durch Entzündung von Gasen, die sich an Ort und Stelle entwickelt haben, Verbrennungen verursacht werden können, kommt wohl höchst selten vor, ich kann aber ein dahin gehörendes Beispiel anführen. Ein Knabe wurde zu uns gebracht mit einer ausgedehnten Verbrennung der Körperoberfläche, die er nach eigener Angabe und nach Angabe

---

[1]) Zeitschrift für Psychiatr. XXIV. 3, p. 296. 1877.

Anderer dadurch erlitten hatte, dass er auf dem Abtritte mit Streichhölzern gespielt und dieselben angesteckt hatte. Es schlug unmittelbar darauf eine Flamme auf, die ihm die besagten Verletzungen beibrachte. Was das für brennbare Gase gewesen sind, lässt sich schwer sagen.

§. 13. Die sogenannten „schlagende Wetter" entstehen bekanntlich durch ein Gemenge von Sumpfgas (CH_4) mit dem doppelten Volumen Sauerstoff oder dem 10fachen Volum Luft, ein Gemenge, welches in Berührung mit einer Flamme heftig explodirt. Diese schlagenden Wetter kommen häufig in Steinkohlengruben vor. Die Entzündung schlagender Wetter, bei welcher Kohlensäure gebildet wird, erfolgt rasch, schreitet von Ort zu Ort, bis sie an eine Stelle gelangt, wo die Menge der atmosphärischen Luft hinreichend ist, um dem Gasgemenge seine explosive Eigenschaft zu nehmen. Wenn das Gasgemenge sich entzündet, so wird die Temperatur plötzlich so hoch, dass eine Verkohlung der Kleider und der Epidermis der Arbeiter erfolgen kann. Meist aber kommen auch hier wegen der momentanen Wirkung der Flamme Verbrennungen 1. und 2. Grades vor und gewöhnlich nur an den unbedeckten Körpertheilen. Dadurch ist auch die unvollkommene Verbrennung der Haare und des Bartes erklärbar. Ebenso bleiben Gehörgang, Nasenlöcher und die mit Schleimhaut bekleideten Höhlen verschont. Dass wesentliche Abweichungen von den gewöhnlichen Verbrennungen stattfinden, ist mir nicht wahrscheinlich. Die Prognose der durch schlagende Wetter verursachten Verbrennungen ist wohl nur abhängig von den gleichzeitig durch die Explosion hervorgerufenen Zufällen. Ebenso ist die langsame Heilung wohl erklärlich aus der meist vorhandenen Anämie der Bergwerksarbeiter. Die Haut der durch schlagende Wetter Verbrannten soll eine charakteristische, schmutzig graue Farbe haben und ganz besonders trocken sein.

§. 14. Anmerkung. Die sogenannte „Selbstverbrennung". Früher hielt man es für möglich, dass unter gewissen Verhältnissen, besonders bei Individuen, welche grosse Mengen Alcohol zu sich zu nehmen die Gewohnheit hätten, ein Verbrennen des Körpers aus innerem Grunde oder ein Verbrennen des ganzen Körpers in Folge vorübergehender Berührung mit einer Flamme stattfinden könnte. Die Fälle betrafen meist alte, sehr fette Weiber und ereigneten sich zumeist im Winter. Missbrauch des Alcohols war in allen Fällen constatirt. Vor der Verbrennung war ein Excessus in Baccho festgestellt. Eine blaue Flamme war im Körper in allen Fällen sichtbar gewesen und auch von Anderen constatirt worden. Die Körper waren meist bis auf geringe Ueberbleibsel vollständig verbrannt, während die Umgebung ziemlich intact geblieben war. Auch partielle Selbstverbrennungen kamen später auf. Dergleichen Fabeln wurden überall nacherzählt (die ältesten Fälle wurden schon 1663 berichtet) und selbst in unserem Jahrhunderte fanden sie stets Glauben, trotzdem Dupuytren und Andere sich dagegen aussprachen. Der bekannte Process Görlitz (Darmstadt 1847) veranlasste eine vollständige Revision der sogenannten Selbstverbrennung, Revision gegründet auf Kritik der früheren Beobachtungen und auf die wissenschaftliche Beurtheilung der Bedingungen einer derartigen Verbrennung. Bischoff, Liebig und Regnault leugneten ohne Weiteres die Möglichkeit einer derartigen Verbrennung vom Standpunkte der physikalischen und physiologischen Wissenschaften, sowie auf Grund der darüber angestellten Experimente. Bischoff zeigte unter Anderem, dass selbst ein mit Alcohol injicirter frischer Cadaver nicht zum Brennen zu bringen sei; abgesehen davon, dass der Alcohol in's Blut gelangend, sich in andere nicht brennbare Körper umsetzt. Die meisten Fälle sind wohl so zu erklären, dass die Kleider der schwer trunkenen Individuen Feuer fingen und so die Verbrennung vor sich ging.

Ich füge ein Verzeichniss der Schriften hier an, die den Umschwung in der

Anschauung über Selbstverbrennung hervorbrachten. Die Literatur über Selbstverbrennungen bis 1850 ist sehr reichhaltig, aber ohne Interesse.

Graff: Die Todesart der halb verbrannt gefundenen Gräfin v. Görlitz, Erlangen 1850. — Bischoff: Zusätze und Bemerkungen mit besonderem Hinblicke auf die Lehre von der Selbstverbrennung. Henke's Zeitschrift 1850. — Liebig: zur Beurtheilung der Selbstverbrennungen des menschlichen Körpers, Heidelberg 1850, und Chemische Briefe, Bd. I §. 374. — Tardieu et Rota: Relation médico-légale de l'assassinat de la comtesse de Goerlitz, accompagnée de notes et de réflexions pour servir à l'histoire de la combustion spontanée. Ann. d'hygiène et de méd. lég. t. XLIV, p. 191 u. 363, t. XLV, p. 99. Paris 1850 u. 1851. Tardieu: Étude médicolegale des effets de la combustion sur les différentes parties du corps humain ebenda 1854. — Pélikan: (un fait nouveau allégué en Russie etc.). Ein neuer, zuerst als Selbstverbrennung bezeichneter, aber in richtiger Weise begutachteter Fall. Russ. med. Zeit. 1855. — Delmas: De la combustion spontanée. Thèse. Strasbourg 1867, Kritik der bisher berichteten Fälle. — Ogston: On spontaneous combustion. Brit. and for. med. Rev. January 1870.

§. 15. c) **Wirkung heisser Körper bei direkter Berührung.** Hierher gehören die der Flamme ähnlich wirkenden **sehr heissen Gase und Dämpfe, heisse Flüssigkeiten und heisse feste Körper.** Je nach dem Grade eigner Erhitzung und nach der Dauer ihrer Einwirkung kann die Verbrennung sehr verschieden ausfallen. Der elastischflüssige Zustand der Gase, besonders wenn diese noch unter hohem Druck sich befinden, wie der Dampf, der aus einem Dampfkessel strömt oder nach Explosion desselben frei wird, gestattet das Eindringen in alle Höhlen; daher findet man so häufig dabei Verbrennungen der Nasen-, Mund- und Rachenhöhle. Bekannt sind die grade bei Explosionen von Kesseln verursachten Verbrennungen und Verbrühungen. Wie weit dieselben gehen können, ersehen wir z. B. aus dem Bericht über die Kesselexplosion auf dem Dampfschiffe Roland, 1858, sowie aus ähnlichen Berichten. Bei der Autopsie der Verunglückten fand man nicht allein Lippen, Zunge und Rachen vollständig verbrüht, sondern auch an der Epiglottis, im Innern des Kehlkopfs löste sich schon bei Berührung des Fingers die rothbraune Schleimhaut in langen Fetzen. Aber selbst bis in die Bronchen hinein fand man die charakteristischen Veränderungen, nur in verändertem Grade. Smart[1]), erzählt von einer Kesselexplosion auf dem „Thunderer", bei der 80 Personen verletzt wurden, von denen 45 durch die Verbrühung zu Grunde gingen. Bei einigen war zwischen 500 bis 700 Quadratzoll der Körperoberfläche verbrüht worden. — Tropfbar-flüssige Substanzen dringen zwar nicht so schnell ein, wie Gase, aber sie breiten sich sehr weit aus, adhäriren mehr oder weniger der Körperoberfläche an, und ist ihre Wirkung desshalb andauernder als bei den Gasen. Die concentrirten Flüssigkeiten wirken um so heftiger, da sie eine grössere Wärmecapacität besitzen, länger haften bleiben und so gut wie gar nicht verdunsten. Ausserdem hängt die Intensität der Wirkung auch mit dem Siedepunkt des betreffenden Stoffes zusammen. Nach dem bisher Gesagten wird daher die Wirkung des siedenden Wassers geringer sein, als die von Kaffee, Milch, concentrirter Salzlösungen, von Oelen. Meist kommt es bei diesen zu Schorfbildungen. Am allerhäufigsten kommen wohl Verbrühungen mit siedendem Wasser vor. Die Verbrennungen mit Petroleum sind z. B.

---

[1]) The Lancet. Sept. 23. 1876.

sehr tief und ausgebreitet. Man hat oft Gelegenheit, grade diese bösartige Wirkung kennen zu lernen, da es leicht vorkommt, dass eine unwissende Magd Petroleum in's Feuer giesst und ihre Kleider selber Feuer dabei fangen. Flüssiges Metall erzeugt immer starke Verbrennungen. So erwähnt Dupuytren einen Fall, wo ein glühender Strom flüssigen Metalls den Fuss eines Individuums traf, der unvorsichtiger Weise sich in die Rinne, durch die das geschmolzene Metall aus dem Ofen abfliessen sollte, gestellt hatte. Fuss und Unterschenkel stellten in wenigen Augenblicken ein verkohltes Stück vor, das im Metall zurückblieb, als Patient das verstümmelte Bein zurückzog. — Ebenso kommen auch durch Asphalt bedeutende Verbrennungen vor.

Die Wirkung fester glühender Körper wird mehr local bleiben, es bildet sich ein Schorf, der um so weniger tief in die Gewebe dringt, je breiter die Fläche, die die Haut berührte, war. Hier wird der Effekt sich auch selbstverständlich nach der Dauer der Einwirkung richten. So erzählt Grippart (1870) aus der Maisonneuve'schen Klinik einen Fall von spontaner Amputation des Unterschenkels in der Höhe der Wade. Patient, ein Epileptiker, fiel bei einem Anfalle zu Boden und stemmte während der einstündigen Dauer desselben den Fuss gegen einen glühenden Ofen. Bis zur Wade war die Extremität mummificirt. Nach 10 Wochen spontane Lösung.

§. 16. d) **Wirkung ätzender Stoffe.** Es werden durch Aetzmittel u. s. w. nicht nur Aetzschorfe, sondern auch Verbrennungen ersten und zweiten Grades hervorgebracht. Durch flüchtige Berührung und schnell nachfolgender Neutralisation kann man auch einfach Röthung und Blasenbildung hervorrufen. Die ätzenden Stoffe, welche uns hier interessiren, sind von den Säuren speciell die Schwefelsäure und Salpetersäure, ferner gebrannter Kalk, Aetzkalk, wie er sich zuweilen in Kalkgruben findet, starke Lauge (Seifenfabrikation), seltener Aetzkali.

Die Schwefelsäure bringt eine Verletzung, die eine Verbrennung dritten Grades vorstellt, hervor. Sie wirkt durch Wasserentziehung und bildet einen bräunlich-schwarzen, sehr schnell trocknenden Schorf. Die Salpetersäure entzieht den Geweben nicht so intensiv Wasser, die Zerstörung ist aber die gleiche. Der Brandschorf ist mehr gelb (Xanthoproteïnsäure). Oberflächliche Aetzungen durch Scheidewasser sind sehr häufig und gleichen den geringeren Graden von Verbrennung. Uebrigens dringen beide Säuren selten tiefer als durch die Dicke der Cutis. Die Salzsäure verursacht eine grau-weissliche Schorfbildung. — Die Schwefelsäure wird häufig (absichtlich zum Zwecke des Selbstmords oder aus Versehen) getrunken: dringt die Säure bis in den Magen, so erfolgt der Tod oft schon nach kurzer Zeit unter heftigen Schmerzen. Häufiger aber finden nur Verletzungen der Lippen, des Rachens und des Oesophagus statt. Im Oesophagus können sehr hochgradige, schwer zu bekämpfende Stricturen entstehen. Schwellungen der Schleimhaut, welche die Respiration hindern können, werden weniger beobachtet, wenigstens traten erfahrungsgemäss die Störungen auf der Schleimhaut der Epiglottis gegen die des Mundes, Pharynx, Oesophagus und Magens sehr zurück, so dass in solchen Fällen nur selten die Tracheotomie gemacht wurde.

Sehr heftig ist die Wirkung von Aetzkali, das selbst noch in dünner Lösung tiefgreifende Zerstörungen, verbunden mit den heftigsten Schmerzen verursachen kann. Die eiweissartigen Körper und das Fett werden aufgelöst, es bildet sich ein halbflüssiger schmieriger Brandschorf, der nur langsam im Verlauf von 24 Stunden trocknet.

Nicht so intensiv und nicht so rasch ist die Wirkung des frischgelöschten Kalks (Aetzkalk). Aber es sind auch recht ausgedehnte Zerstörungen z. B. bei Kindern beobachtet worden, welche in eine Kalkgrube hineingefallen waren (s. weiter unten).

In chemischen Laboratorien und in Fabriken werden noch durch mancherlei andere ätzende Substanzen Verbrennungen verursacht, die Erscheinungen bleiben aber dieselben. Eine darauf sich beziehende Zusammenstellung giebt Thelmier.

Krönlein (Bericht aus der Langenbeck'schen Klinik, Arch. für klin. Chirurg. XXI. Supplement-Heft) führt einen Fall von einem 11jährigen Knaben an, der beim Spielen in eine mit kochendem Kalk gefüllte Grube fiel, darin vollständig versank. Von herbeieilenden Leuten wurde der über und über mit Kalk bedeckte Knabe erst beim Brunnen gründlich abgespült (!) und dann in die Klinik gebracht. Totale Verbrennung ersten und zweiten Grades der ganzen Körperoberfläche, vom Scheitel bis zur Gegend der Malleolen. Kleiner Puls. Temp. 38°,0. Grosse Unruhe, Delirien, Erbrechen grosser Mengen verschluckten Kalkes. Tod 16 Stunden nach der Verbrennung.

§. 17. Sollte man im Zweifel sein, ob eine Verbrennung durch Flamme oder durch flüssige Caustica, z. B. Schwefelsäure, entstanden sei, so würde der Mangel jeder Blasenbildung bei Verbrennung durch Schwefelsäure, die eintönige Färbung und Beschaffenheit der durch die Säure verbrannten Stellen auf die Ursache aufmerksam machen. Denn bei Verbrennungen, durch Flamme oder dergleichen erzeugt, findet man alle Formen neben einander, stehende Brandblasen, geplatzte und abgeschundene Blasen, Schorfe von verschiedener Farbe, oft Spuren von Kohlenniederschlag (Russ) auf der Haut, Spuren von Verkohlung der Hauthärchen, die durch Säuren nie bewirkt wird. Endlich bleibt noch die chemische Prüfung der verbrannten Kleidungsstücke auf Schwefelsäure. Die Verkohlung der Hauthärchen, sowie die trockene lederartige Schorfbildung unterscheidet auch gleichzeitig Einwirkung von Flamme und siedender Flüssigkeit.

Cap. III.

Die örtlichen Symptome und der örtliche Verlauf nach Verbrennungen.

§. 18. Was die örtlichen Symptome der Verbrennungen anbetrifft, so sind dieselben je nach Art und Form der Hitzeeinwirkung sehr verschieden. (Vgl. oben Cap. I.) Zunächst wenn

Röthung der Haut, eine sogenannte Dermatitis ambustionis erythematosa entsteht, so stellt dieselbe ein ähnliches Bild, wie man es bei Erythem, bei Entzündungshyperämie, auch wohl wie man es bei Erysipelas beobachtet, dar. Man ist sogar soweit gegangen, diese

Röthung der Haut mit dem Erysipelas gleich zu setzen, zu identificiren oder dasselbe sich unmittelbar an jene anschliessen zu lassen.

Es ist dies aber eine ganz unrichtige Anschauung, denn wir haben es bei der durch die Verbrennung hervorgerufenen Röthung mit einer einfachen, auf die thermische Wirkung zurückzuführende Gefässdilatation zu thun und wiederholen hier, was wir schon im ersten Capitel betont haben, dass bei diesem Grade der Verbrennung man noch gar nicht berechtigt ist, von Entzündung zu reden. Allerdings sind die Uebergänge zur nächsten Form, die wir schon als Entzündung ansprechen, sehr schnell gemacht. Aber abgesehen davon, dass die das Erysipelas begleitenden Allgemeinerscheinungen bei diesem Grade der Verbrennung ganz fehlen, abgesehen von der Aetiologie des Erysipelas, sind aber auch die Grenzen des durch die Hitze hervorgerufenen Erythems nicht so scharf, wie bei Erysipelas, dann verbreitet sich die Röthe von selbst nie weiter, sie bleibt auf denjenigen Stellen, auf welche die Hitzeeinwirkung stattfand, stehen. Ueberhaupt, um das hier kurz anzudeuten (vgl. das Nähere Cap. IV, Anhang), schliesst sich ein Erysipelas nur selten an eine Verbrennung an, wohl nie speciell an diese Form.

Je nach dem Grade und der Art der Hitzeeinwirkung bleibt besagte Röthe der Haut von wenigen Stunden bis zu einigen Tagen bestehen. Beim Fingerdruck verschwindet sie nicht vollständig.

Die Patienten klagen über ein Gefühl von Hitze in den betroffenen Theilen, der Schmerz ist gleich im Anfange bedeutend und nimmt in den ersten Stunden gewöhnlich noch zu, vermehrt sich ausserdem bei Bewegung und Berührung. Des Oefteren ist die Haut auch geschwollen, ein Zeichen, dass durch die Einwirkung der Wärme (meist ist es ja strahlende Wärme, welche diese Art der Verbrennung hervorruft), bereits ein Entzündungsprocess in den Geweben begonnen hat und Transsudate vorhanden sind, mithin ein Uebergang zu einer intensiveren Form von Verbrennung stattfindet.

Ist die Verletzung geringfügig gewesen, so verschwindet die Röthe nach kurzer Zeit, ohne dass irgend weitere Folgen sich zeigen. In anderen Fällen wird das Hornblatt der Epidermis in Form kleiner Schüppchen eliminirt, die mehr oder weniger pigmentirte Epidermis hat zahlreiche kleine Risse und Sprünge erlitten. Damit kehrt Alles zur Norm zurück.

§. 19. Siedend heisse Flüssigkeiten oder vorübergehende Einwirkung einer Flamme rufen eine Form von Verbrennung hervor, bei der entweder sofort oder im Verlauf der nächsten Stunden eine Reihe von Blasen auftreten, welche dieser durch Verbrennung resp. Verbrühung hervorgerufenen Verletzung ein ganz eigenthümliches Gepräge geben. (Dermatitis bullosa, Brûlure vesiculeuse et bulleuse.)

Auf geröthetem erythematösem Grunde erheben sich eine Anzahl grösserer und kleinerer Blasen, welche meist ein dünnes Serum, das wasserklar oder leicht gelblich gefärbt erscheint, enthalten, in anderen Fällen besteht der Inhalt aus einer gallertartigen, geronnenen Masse. (Vgl. Cap. I.) Das Exsudat befindet sich in der Epidermis, es hat sich zwischen Schleimschicht und Hornschicht angesammelt, letztere ist emporgehoben und buckelförmig nach aussen gewölbt. Die Blasen entstehen in den ersten

Stunden nach der Verbrennung oder manchmal auch später bis zu zwölf und mehr Stunden nach der Verletzung. — Das schnelle Auffahren der Brandblasen ist noch nicht gehörig aufgeklärt. Es scheint dabei eine direkte Thätigkeit der gereizten Zellen angenommen werden zu müssen (?).

Oft sind die Blasen bereits geplatzt und die von ihrer Unterlage losgelöste Oberhaut zeigt sich entweder als eine weisse breiige Schicht oder in Form einer aufgerollten weissen, weichen, fast macerirten Membran auf dem sehr gerötheten, hämorrhagischen hie und da mit Blutpunkten versehenen Corium. Biesiadezki[1]) hat gefunden, dass bei der Entstehung der Blasen das aus dem Blute stammende Transsudat die Epithelzellen der Malpighi'schen Schicht zu dünnen den Bindegewebsfasern ähnlichen Fasern auszieht. In grösseren Blasen reissen diese Fäden durch und ragen frei in die Höhle hinein. Die Blasen können manchmal auch gefächert sein.

Die Blasenbildung ist daher etwas secundäres, indirekt durch die Verbrennung hervorgerufen, und so erklärt es sich auch, dass eine Brandblase an Grösse dem brennenden Körper nicht entspricht. Das Entstehen der Blasen mag wohl eher durch die ungleichmässige Einwirkung der Hitze erklärt werden.

Die Geschwulst und die Schmerzhaftigkeit bei einer derartigen Verbrennung sind sehr bedeutend und richten sich sowohl nach dem Umfange der Verletzung, als auch nach dem Sitze der Verbrennung selbst. Entleeren sich die Blasen spontan oder werden sie entleert, so lässt die Heftigkeit des Schmerzes etwas nach, besonders da, wo starke Spannung vorher herrschte. Wird aber der abgehoben gewesene Theil der Epidermis abgerissen oder entfernt, so steigert sich die Schmerzhaftigkeit sehr bedeutend, da erklärlicher Weise das nunmehr frei zu Tage liegende Corium sehr empfindlich ist. Bleibt der abgehoben gewesene Theil der Epidermis liegen, so bildet sich darunter vom Rete Malpighii aus rasch ein neues Hornblatt, während das alte schrumpft. Die neue Hornschicht bleibt lange Zeit dünn und lässt die Gefässe des Papillarkörpers durchscheinen, so dass noch nach Wochen ein rother Fleck die Form und Grösse der gewesenen Blase abbildet.

Es kann aber auch mit dem Nachlass der Hyperämie eine Wiederaufnahme der Exsudatflüssigkeit in die Blutmasse erfolgen, ohne dass also die Blasen sich entleeren. Niemals kommt es aber zu einer Wiedervereinigung der einmal getrennt gewesenen Epidermisstrata.

In ein bis zwei Wochen ist Alles wieder ausgeglichen, nur da, wo dickere Epidermislagen zu regeneriren sind, dauert die Reproduction etwas länger. — Bisweilen, wenn die hämorrhagisch infiltrirte Parthie der Cutis blossliegt und zumal, wenn die Berührung mit der atmosphärischen Luft einen neuen Reiz setzt oder besondere Entzündungserreger auf der blossliegenden Fläche sich festsetzen, bedeckt sich besagte Cutis erst mit einem dünnen, später gleichmässig eitrigen Exsudat, das an der Luft zu graugelben Krusten eintrocknet, unter deren Schutze sich neue Epidermis bilden kann. Nach spontanem Abfall der Kruste zeigt sich eine junge zarte Epidermis. Aber oft stagnirt

---

[1]) Oestr. Zeitschrift für prakt. Heilkunde. 1868.

der Eiter unter dem Schorfe und verzögert dann die Heilung, kann sogar zu accidentellen Wundkrankheiten Veranlassung geben.

Nach Ablauf des Heilungsprocesses entsteht für gewöhnlich gar keine Narbe oder ganz flache, mit Grübchen durchzogene Narben.

§. 20. Ist die Hitzeeinwirkung noch stärker, so kommt es zur Schorfbildung (Dermatitis escharotica, brûlure gangréneuse). — Hierbei hat man von jeher zwei Arten unterschieden, eine trockne und eine feuchte Form, ohne dass diese Unterscheidung eine wesentliche Bedeutung hätte. Meist ist die Qualität abhängig von der Beschaffenheit der die Verbrennung verursachenden Substanz. Ist ein Schorf vorhanden, so kann man ohne Weiteres auf eine Zerstörung der Cutis schliessen. Die Schorfe selber können in ihrer Färbung sehr variiren und verweise ich dabei auf die beigegebene colorirte Tafel, auf der ein derartiger Schorf, nach der Natur gemalt, dargestellt ist; in der Umgebung sieht man auch, zu gleicher Zeit daneben bestehend, die übrigen, vorhin erwähnten Grade der Verbrennungen. — Man trifft aschgraue, gelbe, braune oder mehr schwarze Schorfe. Doch kann man weder aus der Farbe, noch aus dem Feuchtigkeitsgrade, noch aus dem sonstigen Aussehen irgend welche Schlüsse auf die Dicke des Schorfes machen und beurtheilen, wie tief die Vernichtung der Circulation reicht. Dieses wird man erst erkennen, wenn der Schorf durch die um ihn und unter ihm stattfindende Eiterung eliminirt wird. Die Eiterung selber kann sowohl aus dem Rete Malpighii, als aus dem Bindegewebe der Cutis oder auch aus beiden Theilen stammen.

§. 21. Nur in seltenen Fällen bleibt eine derartige Eiterung aus, wie man es hie und da bei dünnen, cutanen Brandschorfen zu beobachten Gelegenheit hat. Unter derartigen Schorfen regenerirt sich die Epidermis verhältnissmässig rasch und vollständig, so dass, wenn der endlich locker gewordene Schorf abfällt, die darunter gelegene Fläche eine ganz normale Epidermis bereits zeigt. Freilich geschieht dieses nur, wenn es gelingt von dem Schorf alle weiteren Zersetzungen abzuhalten. Denn für gewöhnlich werden von der abgestorbenen Masse aus in den angrenzenden Geweben und Zellen abnorme chemische Umsetzungsvorgänge angeregt, die früher oder später bis zu den nächstgelegenen Gefässen sich ausbreiten. Ob die Entzündung aber dann eine geringere oder grössere Ausdehnung erreicht, das hängt einmal ab von dem Umfange der primären Nekrose, sodann davon, wie wir schon andeuteten, ob in der abgestorbenen Masse noch besondere energische Zersetzungsvorgänge sich manifestiren oder nicht (etwa hervorgerufen durch kleine Organismen). Ebenso sieht man bei der antiseptischen Behandlung von Brandwunden mit Schorfbildung die Eiterung meist auf ein sehr geringes Maass reducirt. Dass kleinere durch Glühhitze hervorgerufene Nekrosen, z. B. in den Muskeln, so gut wie keine Entzündung zu erregen brauchen, sondern, nach rascher Vereinigung der Wunde, die prima intentio durchaus nicht stören, das hat Hallbauer (l. c.) gezeigt. Dieselbe Erfahrung machten wir übrigens auch schon bei der Anwendung des Ferrum candens bei chronischen Gelenkkrankheiten unter antiseptischen Cautelen. Die innerhalb der Gelenkhöhle zurückbleibenden Schorfe pflegen gewöhnlich weder Entzündung noch Eiterung im Gelenke hervorzurufen.

§. 22. So lange der Schorf sich noch auf der Wundfläche befindet, ist die Schmerzhaftigkeit eine geringe, man kann mit dem Finger gegen den lederartigen Schorf klopfen, ohne dem Kranken Schmerzen dadurch zu verursachen. Es ändert sich dieses Verhältniss aber, sobald die Elimination stattgefunden hat. Die mehr oder weniger mit Granulationsmassen bedeckte Wundfläche ist äusserst schmerzhaft. Die Schmerzhaftigkeit erscheint dann am grössten, wenn noch Reste des Papillarkörpers der Cutis zurückgeblieben sind.

Bei der Abstossung der nekrotischen Gewebe werden zuerst die Weichtheile, erst viel später die Knochen abgestossen, wie man dieses nach Verbrennungen (Verkohlungen) der Hand oder des Fusses zu sehen Gelegenheit hat.

Die durch das Loslösen der Eschara möglichen Complicationen als Eröffnung von Körper- resp. Gelenkhöhlen, Hämorrhagien werden wir in einem anderen Capitel zu besprechen haben (s. §. 49).

Von grosser Wichtigkeit, besonders für die örtlichen Folgen der Verbrennung ist das Aussehen der Wundfläche nach Abstossung des Schorfes.

§. 23. Nach Beseitigung Alles Abgestorbenen bleibt eine meist eiternde Wundfläche übrig, die durch Narbenbildung auf dem Wege der productiven Entzündung heilen muss. Bleibt nach Abstossung des Schorfes keine Spur vom Papillarkörper der Cutis und keine Spur vom Rete mehr, so zeigt sich eine Granulationsfläche, die wie jede andere sich verhält und gewöhnlich von der Peripherie nach dem Centrum sich mit Epithel überkleidet. Manchmal bilden sich auch mitten in den Granulationsflächen kleine Epithelinseln, die das Bestreben haben, sich mit der vom Rande ausgehenden epithelialen Ueberhäutung zu vereinigen. Es stammen diese Inseln von kleinen Resten Cutis mit Rete Malpighii oder von einer tiefer gelegenen Hautdrüse her, welche bei der ungleichmässig in die Tiefe wirkenden Hitze verschont geblieben waren. Dieses hat insofern Nichts Ueberraschendes mehr, als z. B. Schwenniger[1]) gezeigt hat, dass eine geringe Menge, selbst von ihrem Mutterboden vollständig getrennter Epithelzellen genügt, um auf geeignetem Boden den Ausgangspunkt für eine mächtige Epithelneubildung zu geben.

Löst sich nur — nach oberflächlicher Einwirkung der Hitze — ein dünner Schorf, so sieht man die Spitzen der Hautpapillen als rothe Punkte auf weissem Grunde. Ein ganz ähnliches Bild erhält man, wenn der Brandschorf die Papillenspitzen mit enthält, nur erscheinen die rothen Papillen breiter und von einem schmalen Saum des weissen Rete umgeben.

Die Art und Beschaffenheit der Narbe wird nun je nach der Beschaffenheit des durch die Verbrennung verursachten Defektes verschieden ausfallen müssen.

In denjenigen Fällen, in denen die Schorfbildung nur geringe Grade erreicht hat, ist die Ueberhäutung in 14 Tagen bis 4 Wochen beendet. Da, wo nur ein ganz dünner Schorf bestanden hat, wird die Narbe später kaum sichtbar sein und sich nur wenig von der umgebenden Haut unterscheiden lassen. Nur an den Fingern z. B. wird

---

[1]) Ueber Transplantation von Haaren. München 1875.

man vielleicht später, selbst bei diesen leichteren Graden von Verbrennungen leichte Schrumpfungen wahrnehmen können. Auch da, wo der Brandschorf die Papillenspitzen mit enthält, wird die Narbenbildung nur eine oberflächliche sein, immerhin aber bleibt die Narbe sichtbar, kann auch wohl manchmal noch weitere Folgen mit sich bringen. Man bemerkt dann eine weisse, mässig kräftige, in manchen Fällen mehr weniger bräunlich gefärbte Narbe, die sogar an Stellen, wo normaler Weise nur ein geringes Unterhautzellgewebe sich befindet, die Haut dem Knochen nahe liegt, geringe Verziehungen verursachen kann. Das wird man z. B. zu beobachten Gelegenheit haben im Gesichte, wo nach derartigen Verbrennungen die Augenlider verzogen werden, der Schluss derselben dadurch kein ganz vollständiger mehr ist. Auch der Nasenknorpel kann dem Zuge der Narbe folgen und geringe Verstellung verursachen. Selbstverständlich werden diese Uebelstände viel merklicher auftreten, wenn die Brandfläche eine sehr grosse war oder durch irgend welche Umstände die Eiterung längere Zeit anhielt.

§. 24. Besonders gefürchtet (und zwar mit Recht) sind von jeher die grossen, nach tiefgehenden Verbrennungen und Abstossung dicker Schorfe entstehenden Granulationsflächen, wenngleich diese, gegenüber ähnlichen, durch anderweitige Ursachen, als Verletzungen, Quetschungen und dgl. m. hervorgerufenen Hautdefekten Nichts Eigenthümliches darbieten. Da man aber gerade nach Verbrennungen die ausgebreitetsten Hautzerstörungen zu sehen bekommt, so wächst mit der Grösse der Wunde die Schwierigkeit der definitiven Heilung.

Es wirken in der That eine Reihe ungünstiger Momente bei der Heilung grosser, nach Verbrennungen entstandener, granulirender Wundflächen ein. Zunächst befinden sich während der Abstossung die lebenden Gewebe meist in dem heftigsten Reizzustande. Die Demarcationslinie wird immer breiter und tiefer, indem ein gewisser Theil des lebenden Gewebes bei der Granulationsbildung und Eiterung nachträglich zu Grunde geht. Das junge Bindegewebe, welches die üppigen kräftigen Granulationen bildet, schiesst in überreicher Masse bei dem vorhandenen Reizzustand auf, während gleichzeitig eine reichliche Absonderung von Eiter stattfindet. Die Folge davon ist, dass die Brandnarbe durch hypertrophischen Charakter und eine eminente Contractionskraft vor allen Narben sich auszeichnet, so dass dieselbe sofort als solche wegen ihres strahligen Aussehens und ihres Mangels an jeder Elasticität zu erkennen ist. Ausserdem wissen wir, dass Granulationsflächen sich schliesslich nur bis zu einer gewissen Grenze zusammenziehen können, nämlich insofern als die benachbarte Haut diesem Zuge nachgiebt. Das hat aber seine Grenzen. Schliesslich tritt eine Art von Stillstand ein, und man bekommt dann oft Bilder, wie wir sie bei den Ulcera crurum permagn. haben, geschwürige Flächen mit unebenen wallartigen Rändern. Selbst wenn im Anfange einzelne, mehr in der Mitte der Flächen gelegene Epethelinseln sich productionsfähig zeigten (s. o.), so erlischt deren Thätigkeit doch allmählig und ihre Productionen werden durch die allgemeine Eiterung wiederum vernichtet. Manchmal kommt für kurze Zeit eine vollständige Ueberhäutung zu Stande, doch bald entstehen in Folge von Bewegungen und Zerrungen, Risse und Schrunden in der Narbe, welche dann wieder erst zu oberflächlichen Geschwüren, später zu tieferen Defekten sich entwickeln.

Kann die Umgebung der Wundflächen genügend nachgeben, und zieht sich die Narbe immer mehr und mehr zusammen, so entstehen hochgradige Verschiebungen und dadurch bedingte Entstellungen, oder auch Verwachsungen der einzelnen Glieder untereinander oder mit dem Rumpfe. Im Gesicht und am Halse kann die Entstellung in der That einen entsetzenerregenden Grad erreichen, indem z. B. das Kinn mit der Brust verwächst, Ektropien der Augenlieder entstehen, der Lippen u. s. w., so dass der Speichel immerfort abfliesst, das Kauen ganz unmöglich wird, und in Folge dessen die armen Individuen künstlich ernährt werden müssen. Ganz besonders bösartig sind auch die, in Folge von Verbrennungen zur Beobachtung kommenden Verwachsungen der Arme mit dem Thorax, weiter durch Narben bedingte Flexionsstellungen der Glieder, wodurch der Gebrauch derselben unmöglich wird, ja, Brandnarben zwischen Oberschenkel, Vulva und Perinäum haben schon ein Geburtshinderniss abgegeben.

Fig. 1.

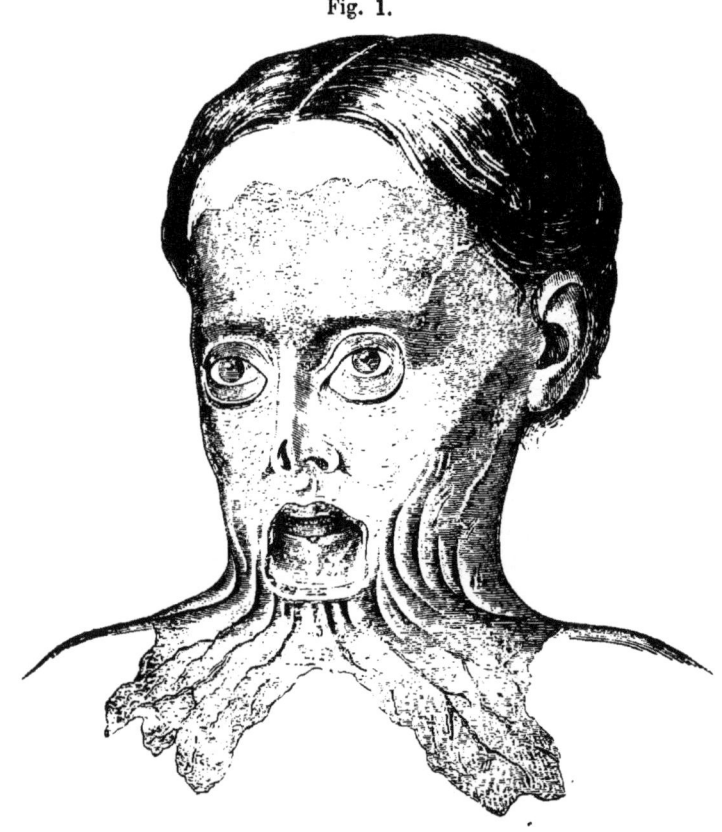

Durch die beigegebene Zeichnung habe ich versucht, derartige durch Narbenzusammenziehungen nach Verbrennung entstandene Entstellungen darzustellen (s. Fig. 1). Der Fall wurde in Kiel beobachtet.

§. 25. Auch Wachsthumsstörungen durch Brandnarben kommen vor. Humphrey[1]) berichtet von einem 52jährigen Manne, der als Kind eine Verbrennung des rechten Vorderarms erlitten hatte und dessen Vorderarm in Folge dessen um 2 Zoll kürzer als der der gesunden Seite war.

Hernig[2]) beobachtete einen bemerkenswerthen Fall von halbseitiger Gesichtsatrophie nach einer Verbrennung. Die 53jährige Patientin war als kleines Kind gegen einen Ofen gefallen. Es hatte sich eine Narbe gebildet, die das Knochengerüst in seiner Entwicklung durch den Druck gehemmt hatte.

Zum Glück besitzen wir einige wirksame Mittel, um diesen üblen Folgen ausgedehnter Brandwunden einigermassen entgegen treten zu können und kommen bei der Besprechung der Behandlungen der Brandwunden noch ausführlich darauf zurück, ich meine die Transplantation und die Lister'sche Behandlung. Durch erstere können wir die stockende Benarbung grosser Flächen wirksam unterstützen, durch letztere die hypertrophische Entwickelung von Bindegewebe und die übermässige Eiterung hemmen und auf solche Weise eine elastische und glatte Narbe bis zu einem gewissen Grade erzielen.

§. 26. Geht die Verbrennung noch tiefer durch Haut und Unterhautzellgewebe bis auf Muskel und Knochen, so kann es zur wirklichen Verkohlung der ganzen Extremität kommen. Diese kann dann in toto durch Eiterung abgestossen werden. Immerhin werden sich derartige Verbrennungen, bei denen längere Zeit hindurch bedeutende Hitzeeinwirkung stattgefunden haben muss, nur unter ganz besonderen Verhältnissen ereignen (siehe den Fall von Grippard auf Seite 13).

§. 27. Auf Brandnarben, besonders denjenigen, die nach obigen Auseinandersetzungen keine rechte Tendenz zur Heilung zeigen oder zeigen können, oder die fortwährenden Insulten und Zerrungen ausgesetzt sind, hat man hie und da die Entwickelung von Carcinomen beobachtet. Ein höchst interessantes, derartiges Beispiel haben wir zu beobachten Gelegenheit gehabt und theile ich hier den Fall in Kürze mit (vgl. übrigens Deutsche Zeitschr. für Chir. VII. 5. u. 6).

Es handelte sich um ein 23jähriges blühendes Mädchen, das im Alter von 8 Jahren eine ausgedehnte Verbrennung des Ober- und Unterschenkels erlitten hatte. Erst nach 3 Jahren trat völlige Heilung der Wunden ein, nur oberhalb der Patella blieb eine Stelle der Narbe hart, verdickt und abschuppend. Im 18. Lebensjahre entstanden an besagter Stelle in Folge anstrengender Arbeiten auf dem Felde mehrfache Einrisse, aus denen sich allmählig eine groschengrosse Ulceration bildete. Diese vergrösserte sich nach mehrjährigem Bestand bis zu Handflächengrösse; in Folge zweckmässiger Behandlung gelang es noch einmal, eine fast vollständige Vernarbung herbeizuführen, aber bald wuchs von Neuem die Ulceration, wahrscheinlich in Folge davon, dass Patientin ihre frühere Beschäftigung wieder aufnahm. Da die Granulationsfläche zu wuchern anfing, so suchte Patientin Hülfe in der chirurg. Klinik (Mai 1876).

Bei der kräftigen Patientin zeigte sich eine circa 8 Ctm. lange, 6 Ctm. breite

---

[1]) Humphrey George Murray, Einfluss krankhafter Zustände auf Wachsthum der Knochen. London 1862.
[2]) Arch. für klin. Chir. X. 1. 1867.

unregelmässige Ulceration über dem oberen Rande der Patella. In dem oberen Abschnitt befand sich ein weich-elastischer, 1½ Ctm. hoher Tumor. Die Ränder der Ulceration sind zum Theil hart, theilweise wulstartig prominirend.

Die mikroskopische Untersuchung des Tumors ergab merkwürdigerweise neben Granulationsgewebe auch unregelmässige, verzweigte Schläuche aus grossen Zellen exquisit epithelialer Natur. Dabei fanden sich zahlreiche grössere und kleinere rundliche Haufen grosser epithelialer Zellen (Dr. Marcuse). Demnach war die anatomische Diagnose auf Hautcarcinom zu stellen. Das jugendliche Alter der Patientin, die weiche Consistenz des Tumors, der Mangel jeder Drüsenaffection, sowie auch die bisher fehlende Dissemination von Knötchen sprachen vom klinischen Standpunkte vorläufig gegen diese Diagnose.

Es wurde eine Excision der Ränder u. s. w. mit dem Messer vorgenommen. Die Untersuchung der excidirten Stücke gab Bilder wie bei Hautcarcinom. Die Ulceration schritt weiter, es traten in der Umgebung Knoten auf, so dass nunmehr an eine radicale Exstirpation der Geschwulst mit Erhaltung des Beines nicht zu denken war. Es wurde daher, da man auch vom klinischen Standpunkte jetzt die Diagnose »Krebs« zugeben musste, die Amputation ausgeführt.

Hatte man es im Anfange bei dieser chronisch gereizten Granulationsfläche vielleicht mit einer atypischen Epithelwucherung in das Granulationsgewebe hinein zu thun, eine Wucherung, die trotzdem noch nicht als Krebs bezeichnet zu werden brauchte[1]), so sprach später die Dissemination in der Umgebung und die Beharrlichkeit, mit der nach Auslöffelung die Neubildung immer wieder recidivirte, für den krebsigen Charakter. Dass übrigens auf Brandnarben sich eher als auf anderen Narben derartige bösartige Neubildungen entwickeln sollten, haben wir keinen Grund anzunehmen. Sie prädisponiren höchstens durch den Umstand, dass in Folge ihrer grossen Ausdehnung sie oft ungünstige Verhältnisse für definitive und andauernde Heilungen darbieten. Einen anderen Fall entnehme ich Nobiling (Buhl, Bayr. ärzt. Intelligenzblatt 1869 Nr. 1). Bei einem 20jährigen Manne, der als 2½jähriges Kind eine Verbrennung der Kopfschwarte erlitten hatte, entwickelte sich in der Narbe, welche Haut, Knochendefekt und Dura mater verband, ein Carcinom, das auf das Gehirn überging und den Tod durch Lähmung veranlasste.

Cap. IV.

Die allgemeinen Symptome und die Todesursachen nach Verbrennungen.

§. 28. Die allgemeinen Symptome, welche in Folge von Verbrennungen auftreten können, hängen in erster Linie ab von der Ausdehnung der Verbrennung. Bei gleicher Ausdehnung entscheidet der Grad der Verbrennung für die Schwere der Symptome. Es ist eine alte Erfahrung, dass die Verkohlung einer Extremität besser vertragen wird, als eine über die Körperoberfläche weit ausgedehnte Verbrennung, wenn auch geringen Grades. Man nimmt allgemein an, dass bei Verbrennungen von mehr als der Hälfte der Körperoberfläche der Tod sicher,

---

[1]) Vgl. darüber Friedländer, Epithelwucherung und Krebs. Strassburg 1877.

von mehr als einem Drittheil derselbe in vielen Fällen eintritt. Die Zeit des eintretenden Todes ist verschieden. Unter 50 von Erichsen citirten Fällen ausgedehnter Verbrennung endeten 33 in der ersten Woche (davon 27 vor dem 4. Tage), 8 in der zweiten, 2 in der dritten, 2 in der vierten, 4 in der fünften, 1 in der sechsten Woche. Der Tod kann demnach in sehr verschiedenen Perioden auftreten, entweder gleich oder wenige Stunden nach der Verletzung, oder nach Tagen, endlich nach einer oder mehreren Wochen. Erreicht der Patient nach ausgedehnten Verbrennungen das Ende des ersten oder zweiten Tages, so sind die ersten stürmischen Affectionen als überstanden zu betrachten.

Dupuytren stellt vier Perioden auf, in denen der Tod nach Verbrennungen eintreten kann: Die Periode der Irritation, der Inflammation, der Eiterung und der Erschöpfung. Diese klinische Eintheilung entspricht pathologischen Befunden. Wir werden uns begnügen mit zwei Perioden und 1) **die Todesursachen unmittelbar nach der Verbrennung, 2) die Ursachen des Todes im Stadium der entzündlichen Reaction, sowie der Eiterung und Erschöpfung besprechen.**

I. Ursachen des rasch eintretenden Todes nach ausgedehnten Verbrennungen.

§. 29. Der Tod kann in solchen Fällen nach wenigen Stunden oder doch wenigstens im Verlauf des ersten oder zweiten Tages eintreten, ohne dass die Patienten aus einem eigenthümlichen Collapszustande herauskommen.

Die Patienten sind, im Anfange wenigstens, noch meist bei Besinnung, können über ihren Unfall Bericht erstatten (ausgenommen etwa in den Fällen, in denen Kopf und Gesicht vorwiegend der Hitzeeinwirkung ausgesetzt gewesen war). Sie klagen dann über heftige, sehr intensive Schmerzen an den verletzten Stellen. Das Sensorium wird aber bald benommen, ein Theil der Kranken wird sehr unruhig. Ich habe Patienten gesehen, welche im eigentlichen Sinne des Worts nicht eine Secunde lang ruhig liegen konnten, beständig ihre Lage wechselten, Hände und Füsse fortwährend bewegten, sich sitzend aufrichteten, ihr Lager auf alle Weise zu verlassen suchten; dieser Zustand hielt unmittelbar bis zum Tode an, bis die sichtbar sinkenden Kräfte und die begreiflicher Weise bald folgende Ermattung eine Art von Betäubung herbeiführte. In anderen Fällen findet man die Patienten in ruhiger Rückenlage und halbbewusst. Der Puls ist klein (oft contrastiren mit demselben die wenigstens im Anfange noch kräftigen Zusammenziehungen des Herzens), die Extremitäten sind kühl, die Temperatur in der Achselhöhle meist sehr niedrig (2—3° unter der normalen), beim Herannahen des Todes ist oft ein Steigen derselben zu beobachten, manchmal bleibt sie aber dauernd niedrig; der Durst ist bedeutend, dabei besteht Brechen. Der Urin ist sehr concentrirt, stark sauer, meist frei von Eiweiss. Oft klagen die Kranken, auf lautes Anrufen aus ihrem soporösen Zustande für wenige Augenblicke gerissen, über heftige Kopfschmerzen. Die Mattigkeit nimmt immer mehr und mehr zu, die Respiration wird mühsam, auf den bläulichen Lippen ist Schaum sichtbar, die Patienten lassen Alles unter sich gehen, nach zwei bis dreimal 24 Stunden tritt der Tod ein. — Der Kräftezustand und das Alter der Patienten wird selbstverständlich bis zu einem gewissen Grade den letalen Ausgang hinausschieben resp. beschleunigen können. So können bei kleinen Kindern bereits Verbrennungen, die nur Erytheme erzeugt haben, den Tod verursachen, vorausgesetzt, dass diese sich über den grössten Theil des Körpers ausbreiten. Dzondi erzählt einen Fall, wo die (dem Trunk ergebene) Hebamme ein neugeborenes Kind in ein zu heisses Bad setzte. Das Kind starb am folgenden Tage. Dzondi constatirte eine über den ganzen Körper verbreitete Röthe, nur Kopf und beide Kniee waren frei davon geblieben, da diese Theile, in Folge der Lage des Kindes im Bade, vom Wasser nicht berührt worden waren.

§. 30. Im letzten Decennium ist mehrfach über auffallend niedrige Temperaturen nach ausgedehnten Verbrennungen Bericht erstattet worden. Man hat selbst geglaubt, in diesen Temperaturerniedrigungen die Todesursache suchen zu müssen. Doch überzeugte man sich bald, indem man die Patienten in Watte und warme Decken einhüllte, ohne dadurch die Temperatur wesentlich zu erhöhen, dass diese Abkühlung wohl als ein secundäres Symptom aufgefasst werden müsste. Wir constatirten selber nach ausgedehnten Verbrennungen Temperaturen von 36,4°, 36,0°, 35,4° C. In der Halle'schen Klinik wurde (nach brieflicher Mittheilung des Herrn Dr. Genzmer) bei einem Patienten, der in einen Kübel mit Wasser von 66° R. gestürzt, und bei dem mit Ausnahme des Kopfes, Halses, der rechten Schulter nebst Arm Alles verbrüht worden war, eine Aftertemperatur, obwohl Patient ganz in Watte gepackt war, von 36,2° beobachtet. In einer etwas späteren Periode contrastirt die niedrige Hauttemperatur oft mit einer hohen im After oder der Vagina gemessenen Temperatur. So fanden wir bei einer Frau, die ausgedehnte Brandwunden in Folge von Petroleumverbrennung erhalten hatte, am Morgen des zweiten Tages eine Temperatur in der Achselhöhle von 36,7, in der Vagina gemessen von 40,0. — Bei ausgedehnten Verbrennungen durch explodirendes Pulver fanden sich unmittelbar nach der Verletzung Temperaturen von 34,6, 35°, 36,3° (Redard[1]). Eine noch stärkere Temperaturerniedrigung erwähnt Billroth[2]). Bei einem Individuum, das in Folge von Pulverexplosion und Inbrandgerathen der Kleider ausgedehnte Verbrennungen, und zwar des Gesichts, Halses, der Brust, des Rückens und Bauchs bis zu den Oberschenkeln, endlich der Arme und Hände erlitten hatte, beobachtete B. kurze Zeit nach der Verletzung eine Temperatur von 33° C. in der Achselhöhle. Der Patient hatte viel Durst, klagte nicht besonders über Schmerzen, der Puls war klein. Es waren Verbrennungen aller Grade vorhanden. Künstlich konnte die Temperatur bis auf 37,2 gesteigert werden, dann aber sank sie wieder bis 36,1, endlich bis zum Tode stieg sie etwas (letzte Beobachtung 38,9°). Der Tod erfolgte etwa nach 36 Stunden. Der Urin war stark sauer, enthielt aber kein Eiweiss.

---

[1]) Archives générales de médecine. Janv. 1872.
[2]) Arch. für klin. Chir. Bd. VI, S. 406 u. s. f.

§. 31. Die Sectionsbefunde in denjenigen Fällen, in denen der Tod so rasch nach der Verletzung eintrat, sind mit wenigen Ausnahmen negativer Art. Die Obduction ergiebt Nichts, was den Tod erklären könnte. (Ponfick fand in einem derartigen Falle eine Nephritis, wir kommen später auf diesen Befund zurück s. §. 58.) Es zeigt sich in den Leichen eine sehr unregelmässige Vertheilung des Bluts in den innern Organen, das Herz ist bisweilen ganz leer, während die Hirngefässe verhältnissmässig noch ziemlich viel Blut enthalten und umgekehrt. Für gewöhnlich findet man stark mit Blut überfüllte Lungen, Leber und Nieren. Manchmal hochgradige Venosität des Gesammtbluts.

§. 32. Zur Charakteristik derartiger Fälle gebe ich hier kurz einen Auszug aus der Krankengeschichte und dem Sectionsprotokoll einer Patientin, die auf der hiesigen Klinik behandelt wurde und nach etwa 48 Stunden nach stattgefundener Verletzung starb.

Patientin Jost, 50 Jahr, erlitt am 12. VII. 77 in Folge von Entzündung von Petroleum, das die Kleider der Patientin ansteckte, ausgedehnte Brandwunden, die, meist einer Verbrennung zweiten Grades entsprechend (nur an wenigen Stellen befanden sich oberflächliche Schorfe), zusammen beinahe zwei Drittheil der Körperoberfläche inne hatten. Nur die unteren Extremitäten waren bis auf wenige Stellen verschont geblieben, hauptsächlich waren Hals, Arme, Thorax und Rückenfläche verbrannt. — Die Patientin bot die gewöhnlichen Collapserscheinungen. Puls ungemein »klein und elend«, Extremitäten kühl, Temperatur in der Axilla 36,7°, Sensorium im Anfang frei, aber schon im Laufe des ersten Tages stark benommen, nachher reagirte Patientin nur noch auf starke Reize. Es trat Brechen auf, die Patientin liess Urin und Stuhl (nicht blutig) unter sich gehen. Der Tod trat in der Nacht vom 13. auf 14. VII. ein, ohne dass es gelungen wäre, durch Excitantien und sonstige therapeutische Mittel eine Aenderung des Zustandes, wenn auch nur für kurze Zeit, herbeizuführen, Vor dem Tode stieg die Temperatur sehr hoch und erreichte kurz vor dem Tode in der Axilla eine Höhe von 41,8, in der Vagina gemessen von 43,2. Im Urin war in der ganzen Zeit weder Blut noch Eiweiss nachzuweisen.

Die Section (Prof. v. Recklinghausen) ergab im Wesentlichen Folgendes:

Schädelhöhle: Gefässe der Dura ziemlich stark mit Blut gefüllt. Die Gefässe der Pia nur mässig injicirt, das Blut in ihnen nicht geronnen. Pia selber stark ödematös. Hirnsubstanz schwach feucht. Im Abdomen geringe Mengen röthlicher Flüssigkeit, in beiden Pleurasäcken fast kein Fluidum. Im Herzbeutel eine ziemliche Quantität einer röthlichen, etwas trüben Flüssigkeit, Herz schlaff, Ecchymosen besonders an der hinteren Fläche sehr evident, Herzfleisch von guter Färbung und nicht brüchig, Blut im Herzen und in der Vena cava von nur wenig klumpiger Beschaffenheit. Auch auf der Innenfläche Ecchymosen wahrnehmbar. Lungen blutreich, oben hinten schwach oedematös, keine festen Infiltrationen, aus den Bronchen kommt ziemlich viel blutiger Schleim. Auf den Schnitt ziemlich viel Blut, sonst nichts Besonderes. In der Trachea blutiger Schleim, Milz blutreich, Nieren im Ganzen blutreich, zeigen aber weiter keine besonderen Veränderungen. Magen normal, Duodenum fast leer, Schleimhaut desselben blassroth. Leber schlaff, die Schnittfläche derselben etwas uneben, mässig geröthet. In der Harnblase wenig Tropfen trüben, röthlichen Urins. Auf der Schleimhaut der Blase keine Ecchymosen. Pancreas schlaff, ziemlich stark geröthet. Dickdarmschleimhaut ohne Veränderung. In der Schleimhaut des Dünndarms Gefässe an einzelnen Stellen injicirt. — Die Untersuchung des Bluts ergab negative Resultate.

§. 33. Worin die Gefährlichkeit derartiger ausgedehnter Verbrennungen liegt, und durch welche Ursachen der Tod so bald nach der Verletzung eintreten kann, darüber sind eine ganze Reihe von Vermuthungen und Hypothesen aufgestellt worden, die wir hier in Kürze erwähnen und charakterisiren müssen.

a) Wenig Anhänger hat eine Theorie gefunden, die unter Anderen von Follin (Traité de pathologie externe) vertreten wird. Die Congestion nach den inneren Organen, mit anderen Worten, die allerdings an den Leichen oft zu constatirenden Hyperämien innerer Organe, oft in Begleitung zahlreicher Ecchymosen, glaubte F. als Todesursache ansehen zu müssen und diese Congestionen einfach mechanisch durch das Herausgedrängtwerden des Blutes aus den zerstörten Hautgefässen erklären zu können.

Gegen diese Auffassung spricht schon der Umstand, dass die Entstehung derartiger innerer Hyperämien in denjenigen Fällen gar nicht zu erklären wäre, in denen nur ganz oberflächliche Verbrennungen stattgefunden haben, wobei also von einer Zerstörung grosser Hautgefässe keine Rede sein kann. Hier müsste im Gegentheil durch die fluxionäre Anfüllung der Gefässe eine Steigerung des Blutgehalts der Haut zu erwarten sein.

§. 34. b) Eine zweite Auffassung ging gleichfalls davon aus, diese Hyperämien (Congestionen) der inneren Organe als Todesursache anzusehen, ihre Entstehung aber durch eine mehr oder weniger vollständige Unterdrückung der Hautthätigkeit, insbesondere auch der Hautausdünstung zu erklären.

Hier treffen wir also die Ansicht, dass die Asphyxie in Folge der Unterdrückung der Hautthätigkeit (speciell des Hautathmens) als Todesursache anzusehen sei. Nun bemerkt schon Passavant[1]) zu dieser Ansicht: „Wenn, sagt er, z. B. $1/3$ der Körperoberfläche verbrannt wird und für die Kohlensäureabsonderung unterdrückt ist, so wird die Lunge, wenn dieselbe als vicariirendes Organ auftritt, um $1/75 — 1/150$ ihrer normalen Kohlensäure-Absonderung mehr zu übernehmen haben, eine Mehrabsonderung, die so unbedeutend ist, dass sie unmöglich als Ursache der Hyperämie der Lungen betrachtet werden kann." Die geringe Bedeutung, die die Sauerstoffaufnahme durch die Haut hat, kann ich wohl als bekannt hier übergehen.

Weiter bemerkt Kühne (Lehrbuch der pathol. Chemie 1868) in Hinsicht auf die Bedeutung der sogenannten Perspiratio insensibilis der Haut: „Wie unvollkommen unsere Erfahrungen über die Hautperspiration noch sein mögen, so lassen sie doch kaum den Gedanken aufkommen, dass die Haut sich am Respirationsacte sehr wesentlich mitbetheilige, da der Körper in den Nieren über Organe verfügt, welche die etwa unterdrückte Abgabe von 1 Liter Respirationswasser in 24 Stunden leicht übernehmen können, und da die Lungen die geringe O Absorption und CO^2 Abgabe der Haut reichlich compensiren dürften." Ferner beweisen die experimentellen Untersuchungen von Laskewitsch, Krieger u. Anderen, dass die Perspiratio insensibilis der Haut ohne Schaden für den Organismus ausfallen kann und neuer-

---

[1]) Preuss. Ver.-Ztg. No. 36. 1858.

dings hat Senator [1]) die Frage für den Menschen praktisch beantwortet, indem er, ohne nachtheilige Erscheinungen zu erhalten, die Extremitäten der Patienten mit Heftpflasterstreifen bedeckte, den Rumpf ausserdem noch mit Collodium ricinatum bestrich und diese Einwickelungen mehrere Tage bis zu einer Woche liegen liess.

Nun ist aber zu bemerken, dass es doch sehr fraglich erscheint, ob überhaupt die Hautausdünstung bei Verbrannten aufgehoben wird. Nur im Falle ausgedehnter Schorfbildung könnte man vielleicht den Vergleich mit den gefirnissten Thieren herbeiziehen. Ausserdem muss doch die inspiratorische Thätigkeit der Haut bei verbrannten Menschen dann noch gefördert sein, wenn die Haut nicht bloss geröthet und die Epidermis blasenförmig abgehoben, sondern noch streckenweise abgelöst ist, da die blossgelegte Cutis gasige und flüssige Substanzen leicht resorbiren kann. Ebensowenig ist die exspiratorische Thätigkeit der Haut aufgehoben, da die Gefässe verbrühter Hautstellen in gehöriger Weise abscheiden, wie man durch Einspritzungen, entfernt von den Brandflächen, sich leicht überzeugen kann. Wir müssen uns hier mit diesen wenigen Andeutungen begnügen. Man vergleiche übrigens in Hinsicht dieser viel discutirten Frage die Arbeit Feinberg's (Virchow's Arch. 1874, S. 270—292), der wohl die genauesten Untersuchungen über die Unterdrückung der Hautthätigkeit angestellt hat.

§. 35. c) In Zusammenhang mit den eben besprochenen Hypothesen steht die Auffassung, dass bestimmte Substanzen im Blute nach Verbrennungen angehäuft, die charakteristischen Symptome hervorzurufen im Stande wären.

Billroth [2]) neigt sich zu dieser Ansicht. Er stützt sich dabei besonders auf die experimentellen Resultate von Edenbuizen [3]), welcher zu folgender Hypothese gelangt war: „Wahrscheinlich wird ein gasförmiger Stickstoffkörper von der Haut ausgeschieden, vielleicht Ammoniak, vielleicht ein flüchtiges organisches Alkali, die Zurückhaltung dieses Stoffes im Blute bedingt den Tod, also einen Vergiftungstod." Die Temperaturerniedrigungen, die Edenbuizen bei den Thieren, die er mit inperspirablem Ueberzuge versehen hatte, fand, ferner die Ecchymosen und Hyperämien, welche sich bei der Section der Experimentalthiere an den inneren Organen vorfanden, stimmten mit dem Befunde beim Menschen nach Verbrennungen. Zwar konnte Billroth Tripelphosphate weder im Unterhautzellgewebe, noch im subserösen Peritonealgewebe finden, glaubt aber bei dem sehr fettreichen Unterhautzellgewebe beim Menschen Untersuchungen in grossem Umfange nicht gut bewerkstelligen zu können. Billroth hält es nicht für unmöglich, dass z. B. kohlensaures Ammoniak im Blute angehäuft, bedeutende Temperaturerniedrigung und auch Diarrhoë verursache.

Nun fand Laskewitsch das Alkali ebenso constant bei normalen, als bei gefirnissten Thieren und hält es für ein Zersetzungsproduct der Haare und der Epidermis, Falk konnte das Ammoniak auch auf verbrühten Hautstellen nachweisen. Uebrigens bei der geringen Menge

---

[1]) Virchow's Archiv LXX. S. 182.
[2]) Handbuch der Chir. bei Pitha u. Billroth. Cap. Verbrennungen und Arch. für klin. Chirurg. Bd. VI.
[3]) Zeitschr. für rat. Med. 3. Reihe. XVII. S. 35—105. 1863.

des vom Körper direkt gelieferten Ammoniaks und bei dem Sectionsbefunde kann man schwerlich die Todesursache in einer Ammoniämie suchen (Kühne). Bis jetzt ist es nicht gelungen, irgend eine Substanz im Blute Verbrannter nachzuweisen, welche als den Tod verursachend angesehen werden könnte.

§. 36. d) Eine Theorie, die geringere Beachtung gefunden hat, wurde von Baraduc [1]) aufgestellt. Er leitet die Gefahr ausgedehnter Verbrennungen aus dem reichlichen und plötzlichen Verlust an Blutserum her und sucht in diesem Verlust die Todesursache. Das Blut wird so eingedickt, dass es aus den Arterien nicht in die Venen gelangen kann, wodurch der ganze Kreislauf gehemmt und der Tod herbeigeführt wird. Er stützt seine Ansicht auf Analogien und zwei Obductionen, 18 Stunden nach stattgefundener Verbrennung, bei denen die Eingeweide einen allgemeinen Charakter „d'aridité et de sécheresse" des Gewebes erkennen liessen. Diese beiden Obductionen dürften wohl nicht entscheidend sein, zumal der Befund anderer, bald nach der Verletzung gemachter Autopsien diesen Ansichten gewöhnlich direkt widerspricht. Es scheint in den Fällen von Baraduc sich um ausgedehnte Thrombenbildung gehandelt zu haben, die er aber falsch gedeutet hat. (Vgl. weiter unten §. 53 u. f.) Ausserdem dürfte doch wohl, selbst wenn ausgedehnte Hautgefässbezirke der schädlichen (wasserentziehenden) Hitzeeinwirkung ausgesetzt waren, schwerlich eine Eindickung des Gesammtbluts daraus resultiren.

§. 37. e) Der Zerfall der Blutkörperchen, direkt bedingt durch hohe Wärmegrade, ist in der neuesten Zeit als Todesursache nach ausgedehnten Verbrennungen aufgestellt worden. Schon Klebs (Handbuch der pathol. Anat. 1868 S. 52) macht auf das Absterben der Blutkörperchen, welches bei ihrer Erwärmung über 45° C. eintritt, aufmerksam. Vor ihm hatte schon M. Schultze auf seinem heizbaren Objekttische den Zerfall der Blutkörperchen bei einer Temperatur von 52° und mehr beobachtet. Die einzelnen zelligen Elemente sterben allerdings schon bei einer Temperatur von 45° ab, während der ganze Körper dagegen höhere Temperaturen ertragen kann. Ferner fand Wertheim nach Verbrennungen Veränderungen des Bluts, die ähnlich waren denjenigen, die Schultze bei normalem Blute auf dem heissen Objekttisch erzeugte. Er fand zahlreiche, in Theilung begriffene Blutkörperchen, ausserdem grosse Mengen rundlicher Körperchen von 0,001—0,004 Mm. Durchmesser, endlich auffallend viele weisse Blutkörperchen. Ponfick, der an Hunden experimentirte, beobachtete bereits wenige Minuten nach intensiverer Verbrennung einen Zerfall der rothen Zellen des Bluts durch eine Art von Zerbröckelungs- oder Zerfliessungsvorgang und eine Unzahl kleiner gefärbter Partikel. Diese Fragmente erregen nach ihm schwere Störungen in den inneren Organen, am augenfälligsten in den Nieren, durch die ein guter Theil des nun gewissermassen frei im Blute circulirenden Hämoglobins nach aussen geführt wird. Das Parenchym derselben gelangt in einen mitunter

---

[1]) Des causes de la mort à la suite de brûlures superficielles, des moyens de l'éviter. Paris 1862.

sehr heftigen Entzündungszustand, der sich durch Auftreten eigenthümlich gefärbter Cylinder im Urin, in ausgedehnter Verstopfung von Harncanälchen, in Verfettung der Epithelien u. s. w. äussert. Ein anderer Theil der Fragmente verschwindet in die Pulpa der Milz und des Knochenmarks, um dort resorbirt zu werden. Ponfick glaubt, dass ein gewisser Theil der acut tödtlichen Fälle, resp. ein gewisser Theil der schweren Symptome bei Genesenden dadurch zu erklären sei, dass ein ebenso ausgedehntes, als plötzliches Zugrundegehen rother Blutkörperchen Platz greife. Ob es sich zugleich um einen Zustand acuter urämischer Intoxication handelt, lässt Ponfick noch unentschieden. (Nach einem Resumé eines auf der Naturforscherversammlung in München gehaltenen Vortrags.)

Wenn wir auch ohne Weiteres zugestehen müssen, dass eine derartige Zerstörung der Blutkörperchen stattfinden mag und dieselbe zu weiteren Veränderungen innerer Organe führen kann, so scheint diese Zerstörung in den meisten Fällen doch nicht so ausgedehnt vorzukommen, dass die Folgeerscheinungen zur Beobachtung kämen. Ausserdem fehlen bei dem Leichenbefund von Individuen, die sehr bald nach der Verbrennung starben, alle Anhaltspunkte für eine derartige Annahme. Auch sprechen meine später zu erwähnenden Experimente gegen diese Hypothese. Billroth und Andere konnten oft bei der mikroskopischen Untersuchung des Blutes nichts Auffallendes finden (siehe Arch. für klin. Chirurg. VI, S. 406) und auch unsere Untersuchungen waren meist resultatlos, wenigstens entsprechen sie nicht ganz dem von Ponfick entworfenen Bilde. Doch waren diese Untersuchungen bisher noch nicht sehr zahlreich. Vom klinischen und pathologisch-anatomischen Standpunkte muss man gegen die Auffassung von Ponfick einwenden, dass Nephritis durchaus nicht häufig beobachtet wird nach ausgedehnten Verbrennungen, eine Ansicht, die schon Hebra ausspricht und die ich beim Durchsehen unserer Sectionsprotokolle nur bestätigen kann. Ferner ist sehr selten Eiweiss oder Blut im Urin derartiger Patienten vorgefunden, wie ich aus fremden und eigenen Berichten ersehe. Denn in keinem unserer Fälle von ausgedehnten Verbrennungen war Eiweiss oder sonst abnorme Bestandtheile im Harn nachzuweisen.

§. 38. f) Eine mehr „mechanische Hypothese", wenn ich dieselbe so bezeichnen kann, ist von Falk[1]) aufgestellt worden. Diese Ansicht gipfelt darin, dass durch die Verbrennung eine Erweiterung der Hautgefässe stattfindet, dadurch weiter eine Abkühlung erfolgt, ferner dass die Lähmung des Tonus in einem grösseren Gefässgebiet aus rein mechanischen Gründen eine Herabsetzung der Leistung des Herzens zur Folge hat. Im Vereine mit der Abkühlung wird die Herzlähmung das Leben der Verbrannten bald beenden. Dadurch sollen sich auch nach Falk die Hyperämien in inneren Organen, namentlich Hirn, Darm und Luftwegen erklären; es sind passive, in der Herzlähmung begründete Stauungen.

Gegen diese Hypothese sprechen zunächst Experimente, welche dargethan haben, dass den Thieren ein sehr bedeutender Bruchtheil ihres Blutes entzogen werden kann, ohne dass die Geschwindigkeit

---

[1]) Virchow's Archiv. Bd. LIII, S. 27 ff.

des Stromes und der Druck in den grossen Zweigen der Aorta in entsprechender Weise beeinträchtigt wird (Goltz, Tappeiner). Ferner zeigten Untersuchungen, dass innerhalb gewisser Grenzen das Gefässsystem mit Hülfe der vasomotorischen Nerven einer grösseren oder geringeren Blutmenge sich accommodiren kann, ohne dass ein krankhaftes Symptom auftritt (Worm Müller, Lesser). Aus rein mechanischen Gründen wird demnach wohl keine Herabsetzung der Leistungsfähigkeit des Herzens eintreten nach Erweiterung eines Gefässbezirkes.

Sodann sprechen Gründe gegen diese Hypothese, welche aus den Versuchen selber hervorgehen. Als erste Einwirkung der Hitze entsteht in der That eine Dilatation der Gefässe, wirkt aber die Hitze länger und intensiver ein, so contrahiren sich die Gefässe, die Haut wird blass und sieht blutleer aus. Dieser Contraction der Gefässe innerhalb der betroffenen Bezirke entspricht aber ein Sinken des Blutdrucks, wie wir gleich noch näher erörtern werden. Es kann mithin ein mechanischer Zusammenhang zwischen Contraction der Gefässe und Blutdruck nicht stattfinden.

In der Periode, während welcher die Erweiterung statt hat, tritt ferner eine Abkühlung durchaus nicht ein, man beobachtet im Gegentheil übernormale Temperaturen und noch lange, nachdem der Blutdruck bereits tief gesunken ist, selbst im Tode, beobachtet man normale oder übernormale Temperaturen (s. o.). Die Abkühlung kann also da, wo der Verbrannte sie überhaupt erlebt, nur ein secundäres Symptom sein. Oft genug hat man auch die Beobachtung gemacht, dass, während die Hauttemperatur auffallend niedrig, die Temperatur, im Anus oder der Vagina gemessen, sehr hoch ist (§. 30). Ferner lehrt auch die Erfahrung, dass, selbst wenn man die Verbrannten in warme Bäder bringt oder durch dicke, überall den Körper bedeckende Wattelagen die Abkühlung hindert, der Tod dennoch und in ebenso kurzer Zeit eintritt.

§. 39. Wir haben nun bei der grossen Anzahl der verschiedenartigsten Erklärungsversuche durch weitere Experimente die Ursachen des rasch eintretenden Todes nach ausgedehnten Verbrennungen festzustellen gesucht. Wir werden sehen, dass die Experimente noch entschiedener die Unzulänglichkeit der bisher angeführten Hypothesen und Ansichten zur Erklärung der Symptome zeigen. Wir kamen selber in Folge unserer experimentellen Versuche auf eine Theorie zurück, die wir hier noch nicht erwähnt haben, und die, wenn auch schon älter, bisher noch in keiner Weise genügend physiologisch begründet worden war. Ich will vorausschicken, dass wir zunächst durch eigne Beobachtungen auf eine Todesursache aufmerksam wurden, die ohne allen Zweifel sich oft ereignen mag, auf die aber merkwürdiger Weise bis jetzt sehr wenig Acht gegeben worden ist. Wir meinen die Ueberhitzung des Bluts.

Ohne Zweifel muss man diese Ueberhitzung des Bluts, die dann durch Herzlähmung sehr schnell den Tod herbeiführt, annehmen bei Individuen, die z. B. in siedende Flüssigkeiten hineinfallen und unmittelbar darauf, trotzdem sie sofort herausgezogen worden, den Geist aufgeben. Dasselbe konnten wir bei Thieren beobachten, die sofort nach einer heissen Uebergiessung starben und bei denen die Temperatur, in ano gemessen, bis über 44° C. stieg.

§. 40. Um diesen Einfluss der Ueberhitzung des Bluts auszuschalten, modificirten wir die Versuche so, dass wir unmittelbar auf die heissen Uebergiessungen kalte folgen liessen. Es gelang uns durch dieses Verfahren in der That, die Temperatur des Versuchsthiers in den normalen Grenzen zu halten. Diese Thiere starben aber trotzdem unter raschem Sinken des Blutdrucks. Wir gelangten nun durch unsere Versuche zu der Ansicht:

§. 41. g) **Der Tod ist nach ausgedehnten Verbrennungen bedingt durch reflektorische Herabsetzung des Gefässtonus.**
Wie ich weiter oben schon andeutete, ist schon früher der Tod nach ausgedehnten Verbrennungen als eine Reflexparalyse des centralen Nervensystems betrachtet worden, als allgemeiner traumatischer Torpor oder Stupor, als Shok der Engländer. Dahin wäre auch zu rechnen die Ansicht Dupuytren's. Dieser hielt den nach der Verletzung unmittelbar erfolgenden Tod als „une mort par excès de douleur." Doch hat man sich früher damit begnügen müssen, durch einen derartigen allgemeinen Ausdruck den eigenthümlichen Zustand und seine Folgen zu bezeichnen, ohne eine Analyse dieser Erscheinungen geben zu können.

§. 42. Unsere Experimente an Thieren (Kaltblütern und Säugethieren) gingen von dem leitenden Gedanken aus, die Wirkungen der Verbrennungen resp. Verbrühungen bei intakter Nervenleitung und nach Zerstörung resp. Unterbrechung derselben festzustellen [1]). Zu dem Zweck mussten zunächst bei sämmtlichen Versuchsthieren stets gleich grosse Flächen verbrannt resp. verbrüht werden. Es wurde daher stets die Hitzeeinwirkung, in welcher Form sie auch stattfinden mochte, auf den hinteren Körperabschnitt und zwar bis zur Grenze der Brust- und Lendenwirbel beschränkt, weil an dieser Stelle bei einer Reihe von Thieren das Rückenmark durchschnitten wurde. In den meisten Fällen wurden die Thiere durch Hineintauchen resp. Uebergiessen des hinteren Körperabschnitts mit siedendem Wasser verbrüht. Da ausser an Fröschen die Versuche meistens an Kaninchen stattfanden, so verbrühten wir durch Uebergiessen der unteren Bauch- und Rückenfläche nebst Hinterbeinen wegen der verhältnissmässig bedeutenden Länge derselben einen sehr grossen Abschnitt der Körperoberfläche, wohl über die Hälfte derselben.

Bei den Fröschen wurde die Nervenleitung entweder in Folge Durchschneidens des Rückenmarks oder der Nervi crural. und ischiadici (von hinten her) — dicht bei ihrem Austritt aus den Wirbelbögen — unterbrochen.

Bei den Säugethieren, Hunden und Kaninchen verglichen wir die Symptome der Verbrennungen bei unversehrten Thieren mit den Symptomen bei Thieren, denen vorher das Rückenmark an der Grenze der Brust- und Lendenwirbel durchschnitten war. Bei einer Reihe von

---

[1]) Was die näheren Details anbetrifft, so verweise ich auf meinen Aufsatz in der Deutsch. Zeitschrift für Chirurg. IX. Bd. S. 138 ff.

Thieren (in allen denjenigen Fällen, in denen der Blutdruck gemessen wurde) wurde die Rückenmarksdurchschneidung unmittelbar vor dem Experiment vorgenommen. In einer anderen Reihe von Versuchen wurde die Verbrühung erst vorgenommen, nachdem die Wunde der Rückenmarksdurchschneidung vollständig ausgeheilt war.

Diese Experimente führten zu folgenden Resultaten:

I. Bei Fröschen.

§. 43. Der zur Hälfte verbrannte resp. verbrühte Frosch wurde stets mit einem normalen Frosch verglichen. Bei beiden war das Sternum nebst Schlüsselbeinen vorher resecirt, der Herzbeutel eröffnet.

Es zeigte sich nun, meist in auffallender Weise, in Folge der Verbrühung, eine Herabsetzung des Tonus der Gefässe, während das Herz kräftig aber wirkungslos pumpte.

Waren aber vorher die Nerv. crur. et ischiadici oder das Rückenmark durchschnitten, so hatte die Verbrühung keine Spur von Reaction auf Herz und Gefässe.

Blieb die Nervenleitung **allein** erhalten, indem die Extremitäten mit Ausnahme der Nerven durch einen Faden umschnürt wurden, so zeigte sich der Tonus der Gefässe wieder herabgesetzt.

II. Bei Säugethieren.

a) Blutdrucksversuche.

§. 44. Hier zeigten die Blutdruckscurven grosse Differenzen. Während bei den unversehrten Thieren sofort bei Beginn der Uebergiessungen ein Steigen des Blutdrucks bemerkt ward, dem dann ein Sinken und zwar weit unter den ersten Stand folgte, und, wiederholte man die Verbrühung mit siedendem Wasser, dieselben Erscheinungen auftraten, bis der Tod schliesslich erfolgte (s. Fig. 2) — so blieb die Blutdruckscurve nach vorangegangener Rückenmarksdurchschneidung ganz unbeeinflusst durch sämmtliche Eingriffe (s. Fig. 3). Diese Erscheinungen traten constant auf, mochte man nur heisse Uebergiessungen gemacht oder den heissen gleich darauf kalte folgen gelassen haben. Zur Erläuterung führe ich hier 2 Curven an (siehe S. 33).

Da wir selbstverständlich die Blutdrucksversuche nicht auf mehrere Tage ausdehnen könnten, so mussten wir, um die Beobachtung zu Ende zu führen, das schädliche Moment in bestimmten Intervallen wiederholen, d. h. wir machten statt einer Uebergiessung deren mehrere, nachdem jedes Mal die Symptome aufgezeichnet waren und eine zweite Uebergiessung erst erfolgte, wenn weitere Veränderungen sich nicht zeigten.

Die Deutung dieser Erscheinungen lasse ich hier wörtlich aus meiner oben erwähnten Abhandlung folgen (S. 155):

Unmittelbar nach Einwirkung des siedenden Wassers entsteht an den betroffenen Gefässbezirken eine Dilatation. Diese Erweiterung kommt aber nicht zur Geltung, da der Blutdruck steigt. Sie bedingt mithin in den übrigen Gefässbezirken eine Verengerung, die sich durch sofortiges Steigen des Blutdrucks kund thut. Es ist kein mechanischer

Ausgleich, da der Blutdruck nicht gleich bleibt, mit anderen Worten, es compensirt die Verengerung in den einen Gefässbezirken nicht die Erweiterung in den anderen Bezirken, sie übertrifft um ein Bedeutendes dieselbe. Die Verengerung ist daher Folge der reflectorischen Reizung des Rückenmarks. Es folgt der Verengerung

Fig. 2.

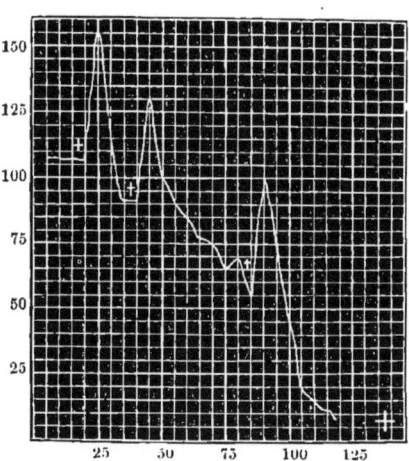

Starkes weibliches Kaninchen, nicht narkotisirt. — Drei Uebergiessungen mit siedendem Wasser über das Becken und die hinteren Extremitäten. — Höchste Temperatur 41,5. — Die Uebergiessungen sind mit einem † bezeichnet.

Fig. 3.

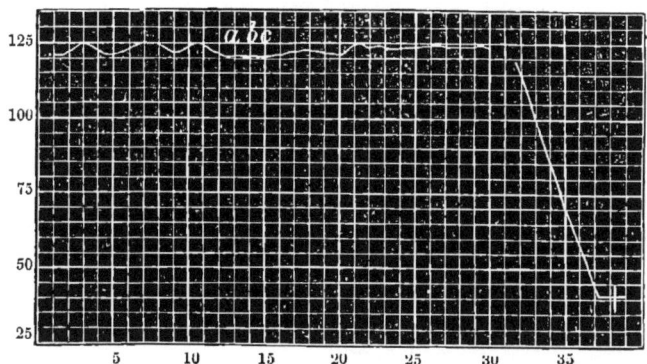

a Heisse Uebergiessung. — *b* Kalte Uebergiessung. — *c* Ende der Uebergiessungen.
Männliches, mittelgrosses Kaninchen. — Rückenmarksdurchschneidung. — Heisse, gleich darauf kalte Uebergiessungen.

auf reflectorischem Wege eine allgemeine Erweiterung. Diese nachfolgende Erweiterung ist aufzufassen als durch Ueberreizung entstandene Erschlaffung. Sie ist wiederum kein einfacher mechanischer Ausgleich, da der Blutdruck vollständig herabgeht.

Ist das Rückenmark durchschnitten, so kann die auf reflectorischem Wege entstehende Verengerung mit nachfolgender allgemeiner Erweiterung nicht mehr zu Stande kommen. Es hat durchaus keine

Bedeutung, dass in Folge der Rückenmarksdurchschneidung der Tonus der Gefässe in den unterhalb gelegenen Gefässbezirken aufgehoben ist, mithin diese schon erweitert sind.

Denn da das Rückenmark nicht in seinem Halstheile durchschnitten ist, sondern an der Grenze des Brust- und Lendentheils, so befinden sich die oberhalb gelegenen Gefässbezirke in ganz normalem Zustande. Aber wir betonen noch einmal, die Einwirkung muss ausbleiben, weil die Leitung unterbrochen ist, und es handelt sich nicht um einen rein mechanischen Ausgleich. Uebrigens ist der Tonus der Gefässe nach der Rückenmarksdurchschneidung nicht so herabgesetzt, dass die Gefässe nicht noch ihr Volumen ändern könnten.

§. 45. b) **Versuche an Säugethieren, welche nach Ausheilung der durch die Rückenmarksdurchschneidung gesetzten Wunde verbrüht wurden.**

Ein grosser widerstandsfähiger Hund starb 36 Stunden nach vorgenommener intensiver Verbrühung des hinteren unteren Körperabschnitts bis zu den oberen Lendenwirbeln. — Durchschneidet man den Thieren aber vorher das Rückenmark und lässt die Wunde ausheilen, was etwa im Verlauf von 3 Wochen stattfindet, verbrüht sie dann in ganz gleicher Weise, so ertragen sie die Verbrühung sehr gut. Von fünf derartigen Versuchsthieren starb keines in den ersten Tagen oder Stunden nach der Verbrühung, sondern mehrere nach Wochen in Folge von Resorption jauchiger Stoffe von den Brandflächen aus, oder in Folge der Eiterung. Einige heilten vollständig.

Wir haben daher aus unseren Versuchen und Beobachtungen den Schluss ziehen zu dürfen geglaubt, **dass der Tod nach ausgedehnten Verbrennungen entweder in Folge von Ueberhitzung des Blutes und nachfolgender Herzlähmung eintritt (und zwar in solchen Fällen dann unmittelbar nach der Verletzung), oder dass die charakteristischen Collapserscheinungen, die ein Verbrannter darbietet, als Wirkung eines übermässigen Reizes auf das Nervensystem anzusehen sind, der reflektorisch eine Herabsetzung des Tonus der Gefässe zur Folge hat.**

Die Sectionsbefunde entsprechen auch vollständig dieser Annahme. Indem die Obduction Nichts ergiebt, was den Tod erklären könnte, so weisen doch die Hyperämien und Ecchymosen der inneren Organe auf eine auf reflektorischem Wege zu Stande gekommene allgemeine Herabsetzung des Gefässtonus hin.

§. 46. Unsere Versuche lassen die früher angeführten Theorien, besonders alle diejenigen, die den rapid eintretenden Tod auf Veränderungen des Bluts, resp. Bildung giftig wirkender Stoffe im Blute zurückführen wollen, als ungenügend erscheinen. Denn sollte in der That der rapide und ausgedehnte Zerfall der rothen Blutkörperchen oder sollte durch Unterdrückung der Hautperspiration oder Bildung schädlicher Substanzen der Tod verursacht werden, so mussten diejenigen unserer Versuchsthiere, die nach Heilung der Rückenmarkswunde verbrüht wurden, gleichfalls dem Eingriffe erliegen, da das Gefässsystem intakt war und die eventuelle Resorption schädlicher

Stoffe ebenso wie beim normalen Hunde erfolgen musste. Ebenso hätte sich bei diesen Thieren eine Herabsetzung des Blutdrucks zeigen müssen.

Gleichfalls unhaltbar dünken mich und im Widerspruch mit dem Resultate unserer Versuche die Theorien von Follin und Baraduc, sowie die Hypothese von Falk, die wir übrigens schon aus anderen Gründen fallen lassen mussten.

§. 47. Wir haben weiter oben (S. 23) erwähnt, dass Dupuytren vier Perioden im Verlaufe der Verbrennungen unterschieden hat, in denen der Tod eintreten kann. Wir haben dabei schon bemerkt, dass es wohl genügen dürfte, zwei oder drei Perioden aufzustellen, ja, mich dünkt, dass man mit zwei Perioden vollkommen ausreicht, indem man das Stadium der entzündlichen Reaction und die allmählige, in Folge langwieriger Eiterung entstehende und den Tod bedingende Erschöpfung nicht, wie es die englischen Autoren z. B. thun, von einander trennt. Es lässt sich diese Trennung, wie wir nachher sehen werden, nicht wohl durchführen, denn der letale Ausgang ist in einer grossen Anzahl von Fällen nicht allein durch Entzündung der inneren Organe oder auf der anderen Seite einfach durch Erschöpfung zu erklären, vielmehr greifen diese Zustände sehr oft ineinander über und verursachen gemeinsam den Tod.

Wenn wir daher vorhin die Ursachen des rasch eintretenden Todes nach ausgedehnten Verbrennungen festzustellen versucht haben, so wenden wir uns jetzt zu dem zweiten Abschnitt.

II. Ursachen des Todes im Stadium der entzündlichen Reaction, sowie in dem der Eiterung und Erschöpfung.

§. 48. Ich will vorausschicken, dass, wenn im ersten Abschnitt die Bedeutung der grossen Ausdehnung der Verbrennungen betont wurde, diese zwar auch in der späteren Zeit eine Hauptrolle spielt, aber es treten zu gleicher Zeit andere Verhältnisse mehr in den Vordergrund. Vor Allem wird nämlich der Grad der Verbrennung in Betracht kommen müssen, da die Ablösung tiefer gehender Schorfe selbstverständlich eine weit grössere Reaction und ganz andere Wundverhältnisse hervorrufen muss, als wenn es sich um die allmählige Abstossung von mehr oberflächlichen Schorfen handelt. Das Fieber wird demnach im Verhältniss zu den örtlichen Processen mehr oder weniger intensiv und andauernd sich zeigen. An und für sich bietet es Nichts Charakteristisches. — Ferner spielt in dem weiteren Verlauf die Individualität, nicht allein in Hinsicht auf allgemeine Widerstandsfähigkeit, sondern ganz besonders in Hinsicht auf bestimmte individuelle Anlagen und Dispositionen, als vorausgegangene Erkrankungen gewisser Organe, vielleicht in anderen Fällen angeborene Enge des Arteriensystems u. dgl. m., eine sehr wichtige Rolle.

Wir haben es in diesem Theile nun mit einer ganzen Reihe pathologischer Zustände und Befunde zu thun, deren Deutung oft schwer und deren Zusammenhang mit der durch die Verbrennung gesetzten

Verletzung in vielen Fällen kaum, in anderen überhaupt garnicht nachzuweisen ist. Um in dem Chaos von Beobachtungen, welcher vorliegt, die ursächlichen Momente herauszufinden und zu ordnen, werden wir zweckmässiger Weise von den localen Veränderungen in den durch Hitzeeinwirkung in Entzündung gebrachten oder auch zerstörten Hautparthien ausgehen müssen und sehen, welche weitere Veränderungen wir zunächst mit diesen vielleicht in unmittelbaren Zusammenhang bringen dürfen.

Auf Seite 15 ff. haben wir kurz den Heilungsprocess der verschiedenen Grade der Verbrennung beschrieben. Es interessiren uns hier wohl nur diejenigen Processe, bei denen eine mehr oder weniger ausgebildete und verbreitete Eiterung vorhanden ist. Diese kann nun sowohl in den Fällen stattfinden, in denen in Folge der Hitzeeinwirkung es nur zu Blasenbildung gekommen ist und wo durch irgend welche Reize oder besondere Verhältnisse die blossliegende Cutis sich mit einem dünnen, später gleichmässig eitrigen Exsudat bedeckt, das an der Luft zu Krusten eintrocknet, — als auch dann, wenn in Folge der Verbrennung es zu ausgedehnter Schorfbildung gekommen ist.

Zwar ist es eine Seltenheit, dass bei oberflächlichen Verbrennungen, die nur Blasenbildung hervorgerufen haben und in deren Verlauf es gewöhnlich auch bei einer ganz oberflächlichen Eiterung zu bleiben pflegt, sich später Zufälle hinzugesellen, welche für das Leben des Patienten Gefahren mit sich bringen. Denn selbst bei sehr grossen Flächen ist die Eiterung doch nicht so intensiv, dass etwa durch ihre lange Dauer dem Patienten Gefahren erwüchsen. Bei zweckmässiger Behandlung wird die Eiterung sehr bald nachlassen und nur wenn neue Reize die Eiterproduction fortwährend anregen, könnten bei schwächlichen, anämischen Individuen bedenkliche Symptome auftreten.

§. 49. Abgesehen von den accidentellen Wundkrankheiten, von denen hier das Erysipelas und die Lymphangitis am meisten berücksichtigt werden dürften, deren Besprechung wir aber auf einen späteren Abschnitt versparen müssen, wäre noch an die Entstehung von Phlegmonen zu denken. Doch gesellen sich diese sehr selten zu leichten Verbrennungen, und dann meist nur in ganz vernachlässigten Fällen. Ebenso pflegen die durch die Hitzeeinwirkung selber in den oberflächlichen Gefässen entstandenen Thromben von keiner weiteren Bedeutung zu sein. Weit ungünstiger gestalten sich aber die Verhältnisse bei durch Verbrennungen verursachten ausgedehnten Schorfbildungen, Schorfe, die durch Entzündung und Eiterung eliminirt werden müssen. Je ausgebreiteter und zu gleicher Zeit, je intensiver die Entzündung und Eiterung ist, um so leichter kann es auch zur ausgebreiteten Phlegmone in der Umgebung kommen. — Bei der Ablösung der Schorfe können aber auch ganze Knochenabschnitte nekrotisch werden, oder es entstehen heftige, arterielle Blutungen, endlich kann es zur Eröffnung grösserer und kleinerer Gelenke kommen. Tiefgehende Brandschorfe, welche am Thorax, am Arm und besonders in der Achselhöhle ihren Sitz hatten, haben zu tödtlichen Blutungen aus der Art. axillaris bei der Lösung geführt. Ja, schon allein in Folge des Druckes, den dicke Brandschorfe auf die darunter gelegenen Gefässe ausübten, sah man in wenigen Tagen

Gangrän des Gliedes auftreten. Hase[1]) veröffentlichte aus der Halle'-schen Klinik einen Fall von Verbrennung des Beins mit tiefgehender Schorfbildung. Beim Lösen des Schorfes wurde das Kniegelenk eröffnet. Es wurde die resectio genu mit Erfolg gemacht und der Patient geheilt. Ebenso nach Verbrennungen und Verbrühungen der Füsse werden oft einzelne Fussgelenke nachträglich eröffnet und die Prognose wird dadurch verschlechtert. — Ueber die Nekrose grosser Knochenflächen nach Verbrennungen liegen zahlreiche Beobachtungen vor. Harvey sah nach einer Verbrennung der Kopfhaut die Exfoliation eines grossen Stückes des Schädeldaches. Wir selber beobachteten bei einem Kinde, das durch Fall gegen einen glühenden Ofen eine ausgebreitete Verbrennung der linken Kopfhälfte erlitten hatte, eine über Handteller grosse, allmählig entstehende Entblössung eines grossen Theils des Stirn- und Scheitelbeins. Das Kind ging in Folge der profusen Eiterung zu Grunde.

§. 50. Dass diese Processe, welche schon an Ort und Stelle so bedeutende Störungen hervorrufen, auch in den übrigen inneren Organen wesentliche Veränderungen zu machen im Stande sind, darüber haben uns zahlreiche Sectionsbefunde belehrt. Ein relativ häufiger Befund bei Individuen, die Wochen, ja Monate lang nach der Verbrennung schliesslich sterben, sind Thrombosen und Embolien. Wir fügen gleich die Bemerkung hinzu, dass Thromben nach eigner Erfahrung und so weit ich mir aus der Literatur darüber ein Urtheil zu bilden im Stande war, nach Brandwunden in den Leichen unverhältnissmässig häufiger vorgefunden werden, als nach irgend anderen ausgedehnten grossen Wundflächen und Defekten. Es finden sich aber auch bei der Autopsie Verbrannter Thromben, die in den Arterien sitzen und oft ohne dass in der Umgebung der Wunden Thromben vorhanden waren.

§. 51. Es scheint uns diese Neigung zu Thrombenbildung etwas den Brandwunden Eigenthümliches zu sein und dürfte dieser Umstand mit der Verbrennung und den durch diese gesetzten Folgen wohl direkt in Verbindung gebracht werden. Wie wir uns diesen Befund erklären sollen, ist in vielen Fällen oft schwer zu sagen und werden wir wohl vorläufig eine genügende Erklärung dafür zu geben nicht im Stande sein.

[1]) Kochler, Sophie, Dienstmagd. 31 J. Eintritt 28./VIII. 1877. † 11./IX. 1877. Patientin hatte Petroleum ins Feuer gegossen. Dabei waren die Kleider in Brand gerathen und erlitt Patientin ausgedehnte Verbrennungen. Besonders waren die Extremitäten stark verbrannt, beide Arme bis über den Ellbogen, das linke Bein bis zur Mitte des Oberschenkels, das rechte Bein zeigte die Spuren der Verbrennungen bis zur Schenkelbeuge. Auch am Rumpfe waren einige handtellergrosse Brandwunden vorhanden. Die Verbrennung war grösstentheils ersten und zweiten Grades, nur an den Beinen fanden sich grössere und ausgebreitete Schorfbildungen.

Patientin war bei der Aufnahme sehr unruhig, wälzte sich auf dem Lager hin und her, der Puls war kaum fühlbar, die Temperatur 35,8. Die Temperatur

---

[1]) Deutsche Klinik 43. 1867.

stieg zwar in den nächsten Tagen, dennoch blieb der Zustand der Patientin trotz aller Mittel ziemlich unverändert. Die Behandlung bestand im Anfange in Excitantien, local Verbände mit Ol. lini und Aqua calcis āā, später warme und prolongirte Vollbäder. Der Urin während der ganzen Dauer der Erkrankung zeigte nichts Abnormes, namentlich war in demselben nie Eiweiss nachzuweisen. Schon am zweiten Tage trat ein Schüttelfrost auf. In den folgenden Tagen besserte sich das Allgemeinbefinden etwas, die Wunden zeigten eine profuse Eiterung. Dann traten vorübergehende Anfälle von Dypsnoe auf und Schüttelfröste mit hoher Temperatursteigerung. Die Temperatur hielt sich fortan früh 38,5° bis 39,0° C., am Abend 39,0 bis 40,0° C. Am Ende der ersten Woche trat oft Unbesinnlichkeit, stellenweise Bewusstlosigkeit auf, auch Störungen von Seiten der Athmung. Nachdem auch noch Durchfälle sich eingestellt hatten, starb die sehr heruntergekommene Patientin 14 Tage nach der Verletzung.

Section (Herr Dr. Friedländer). Nur wenige Tropfen Fluidum in der Bauchhöhle. Magen und Därme aufgetrieben. Beide Lungen zurückgesunken und auffallend hell. Pleurahöhlen leer, im Herzbeutel eine geringe Menge Flüssigkeit. Herz gross, Muskulatur desselben derb, Klappen normal. Die linke Lunge von normalem Volumen, geringes Oedem, wenig Blutgehalt. Im unteren Lappen **ein zum Theil adhärirender grauer Pfropf** in einem Ast der Pulmonalis, ohne dass dahinter irgend welche Veränderungen vorhanden wären. Auf der rechten Seite findet sich eine **Verstopfung im Hauptstamme der Pulmonalis**. Der Pfropf adhärirt und ist in der Mitte bereits erweicht. Derselbe setzt sich in die Verzweigungen besonders des unteren Lappens fort und zwar in grosser Ausdehnung. — Die Jugularvenen sind stark dilatirt. An einer Stelle der Magenschleimhaut ein kleiner Bluterguss, sonst ist dieselbe normal. Milz und Nerven etwas blass. Im rechten Nierenbecken einige Ecchymosen. Im Darm hie und da etwas Röthung der Schleimhaut. Leber zeigt geringen Blutgehalt. Aorta abdominal. intakt. Die Hämorrhoidalvenen sehr stark erweitert, geschlängelt, mit theils grauen, theils rothen Thromben gefüllt. — Am rechten Oberschenkel geht die rothe, blossliegende Parthie direkt ins Fettgewebe über, nur an wenigen Stellen eine graue zarte Schicht von Bindegewebe dazwischen. An der Wade ist die Cutis überall vollständig zerstört und die blutige Infiltration setzt sich mehrere Mm. breit ins Fettgewebe fort, erreicht aber nicht die Fascie. Die varicösen Wadenvenen sind mit Thromben gefüllt. Die **Vena cruralis** dext. an der Einmündung der Profunda durch **farblosen Thrombus gefüllt**. Auch in diesem Thrombus bereits Erweichung. Auch **linkerseits** befindet sich in der Vena crural. unterhalb des Poupart'schen Bandes ein **farbloser Thrombus**. An der linken Wade reicht die blutige Infiltration bis in die Nähe der Fascie. Muskelvenen sind mit Thromben gefüllt. Muskel selber derb und von guter Farbe. Geringes Oedem in den bindegewebigen Interstitien.

2) Willer, Catharina, 58 Jahre alt. Eintritt 4./II. 1878, gestorben 16./III. 1878. Ausgedehnte Verbrennung aller Grade der beiden Hinterbacken sowie der Kreuzbeingegend (siehe die dieser Lieferung beigegebene Tafel).

Patientin sass beim Kaminfeuer auf ihrer Stube und zwar so, dass sie den Rücken dem Feuer zukehrte. Wahrscheinlich schlief sie ein in dieser Stellung, ihre Kleider fingen Feuer und verkohlten einen grossen Theil der Hinterbacken und des Rückens, bevor geeignete Hülfe kam und die Entfernung der brennenden Kleider erfolgen konnte.

Die nähere Beschreibung des Befundes können wir hier wohl ganz kurz angeben, da derselbe durch die Abbildung genügend wiedergegeben ist. Erwähnen will ich nur, dass in diesem Falle sich alle Grade von Verbrennung nebeneinander befanden, wenngleich auch der grösste Theil der verbrannten Fläche mit einem braunen lederartigen Schorf bedeckt war. Das Allgemeinbefinden war bei der Aufnahme leidlich und auch die Schmerzen gering. Der

Urin zeigte nichts Abnormes. Erst später als die Schorfe anfingen sich zu lösen, klagte Patientin über Schmerzen und es traten auch leichte Temperaturerhöhungen auf. Einen streng Lister'schen Verband musste man wegen der eigenthümlichen Art der Ausbreitung der Verbrennung bald aufgeben und musste sich damit begnügen, die Wundfläche mit einem Borverband, der oft gewechselt wurde, zu bedecken. Dieser vermochte aber nicht den während der Abstossung sehr lästigen Gestank zu beseitigen und wir waren daher genöthigt, die Patientin in ein Isolir-Zimmer zu legen. Hier trat auch vorübergehend hohes Fieber und Dyspnoe auf, ohne dass man auf der Lunge durch Percussion oder Auscultation irgend welche abnorme Verhältnisse hätte nachweisen können (Embolie?). Nach einigen Tagen waren besagte Erscheinungen wieder vorüber, das Allgemeinbefinden leidlich, die Wunden granulirten gut. Die Patientin konnte jetzt wieder auf den allgemeinen Krankensaal gelegt werden (4./III.). Am 12. März stellten sich Durchfälle ein, die allen Mitteln widerstanden. Die Durchfälle, sowie die sehr profuse Eiterung, brachten Patientin sehr herunter und sie starb ca. 6 Wochen nach der Verletzung, ohne dass noch besondere Symptome aufgetreten wären.

Autopsie 27./III. 1878. Herr Prof. von Recklinghausen. (Sectionsprotokoll, wie oben, abgekürzt.) — In der Gegend der Lendenwirbel und am Kreuzbein ein grosser Defect, der sich über beide Hinterbacken erstreckt, auf der linken Seite nach vorn den Hüftbeinkamm überschreitet. Der meist oberflächliche Defect ist zum Theil mit Granulationsgewebe, an einzelnen Stellen, namentlich am Kreuzbein, noch mit Schorfen bedeckt; hie und da liegt der Knochen bloss, so an der Darmbeinschaufel, und zwar hier ist der Knochen in einer Ausdehnung von ca. 6 Ctm. ganz frei. Beiderseits auf den Trochanteren sind Schorfe in Ablösung begriffen. An den Oberschenkeln blutige Infiltration. Ausgedehnte Thrombenbildung nicht nachzuweisen in der Umgebung des Defects, sowie an den unteren Extremitäten. In der Bauchhöhle röthliche mit Eiterflocken untermischte Flüssigkeit. Am Darm sind einige stark geröthete Flecke wahrnehmbar. Im Herzbeutel einige Tropfen röthlicher Flüssigkeit. Herz sehr klein, Herzfleisch sehr braun, Klappen normal, nirgends Thromben im Herzen. Aorta stark dilatirt, die Innenseite etwas uneben, rauh, atheromatös. Im Anfange des Aortenbogens einzelne Thromben, der eine (von Kirschkerngrösse) im Innern ganz verflüssigt. In der Brustaorta etwas Dilatation und Sklerose, einzelne flache Thromben. Leichte Dilatation des Trunc. anonym., sowie der Subclavia, aber sonst keine besonderen Veränderungen. In den Lungen keine Heerde, dagegen eine Caverne. In der Art. lienalis ein Thrombus aus dunkelrother Gerinselmasse bestehend. Dann findet sich, entsprechend der Schlinge der Arterie, 3 Ctm. von ihrem Ursprunge, eine vollständige Verlegung des Lumens durch einen bereits angeklebten Thrombus, der sich durch die ganze Schlinge fortsetzt, im Ganzen sich wenig adhärent zeigt, dann aber übergeht in eine fast weisse, heller gefärbte Thrombusmasse, welche sich an der Stelle befindet, wo die Arterie einen Seitenast abgiebt, so dass die Masse auf der Theilungsstelle reitet. Milz 11 Ctm. lang, 8 breit, 4 dick; am unteren Rande findet sich eine eingesunkene Parthie, über der die Kapsel blass-roth aussieht. — In der Bauchaorte nur unbedeutende Sklerose, keine Thromben. In der Art. mesenter. sup. an der Haupttheilungsstelle befindet sich ebenfalls ein Thrombus, ähnlich dem in der Milzarterie vorgefundenen. Auch hier zeigt die Wandung durchaus keine Veränderung. Der Thrombus sitzt ganz locker, so dass er beim Aufschneiden aus dem Arterienrohr herausfällt. Der Thrombus ist im Innern erweicht. In den Nieren mehrere, zum Theil bereits entfärbte kleine Infarkte, Nieren selber etwas blass. Leber klein. In der Schleimhaut des Darms etwas Röthung an einigen Stellen ohne hämorrhagischen Charakter. In der Schädelhöhle nichts Abnormes, keine Thromben in den Arterien. Die Schnitte durch die verbrannten Hauttheile zeigen normales, nur sehr blutreiches Gewebe darunter. Keine Thromben. An dem linken Oberschenkel geht die hämorrhagische Infiltration ziemlich tief.

Dass der Thrombus in der Art. lienalis, mesenteric. sup., sowie die Erscheinungen in den Nieren wohl auf Embolien zurückzuführen sind, scheint unter anderen Gründen noch dadurch wahrscheinlich, dass diese Thromben auf den Theilungsstellen ritten, die Arterienwand keine Veränderung zeigte, ausserdem die Thrombusmassen sehr lose in dem Rohre sassen. Aller Wahrscheinlichkeit nach stammten dieselben von dem im Aortenbogen befindlichen Thrombus her.

§. 52. Wenngleich hier eine gewisse Disposition zu Thrombenbildung durch die stellenweise vorhandene Atherose der Gefässe gegeben war, so sind wir doch durchaus geneigt, die zahlreichen Thrombenbildungen in unserem Falle in direkten Zusammenhang zu bringen mit der durch die Verbrennung gesetzten Verletzung, resp. mit den dadurch hervorgerufenen, grossen Wundflächen. Denn wir werden z. B. Fälle anführen, in denen ähnliche Thrombenbildungen bei ganz jugendlichen Individuen beobachtet wurden.

3) Fall von Verbrennung aus der Klinik von Verneuil[1]), ausgezeichnet durch eine complete Hemiplegie und Hemianästhesie.

33jähriger Mann, Verbrennung am linken Arm und an der linken Schulter durch brennende Bettwäsche. Ein 10 Mm. dicker Brandschorf bedeckte die ganze innere Fläche des Oberarms von der Achselhöhle bis zur Ellenbogenbeuge und in derselben Ausdehnung auch die Thoraxwand. Die Hand war kalt, die oberflächlichen Venen thrombosirt. An der Art. rad. und cubital. war der Puls nicht fühlbar, ein Symptom, das Verneuil auf die direkte Compression der Arterien durch den Schorf bezog. Er machte 4 lange, entspannende Incisionen am Oberarm und sofort war der Puls in den genannten Arterien wieder fühlbar. — Ausserdem hatte der Patient heftige Delirien und 11 Tage nach der Verbrennung stellte sich erschwertes Sprechen, vollständige Paralyse und Anästhesie der beiden linken Extremitäten und Anästhesie der linken Rumpfhälfte ein, ebenso zeigte sich Parese der linken Gesichtshälfte. Die Zunge wich nach links ab, der Nerv. optic. sin., acusticus, olfactor waren gelähmt. Die Sprache war stotternd, die intellektuellen Fähigkeiten intakt. Nach fünf Tagen waren alle Symptome wieder verschwunden. Am 22. Tage nach der Verbrennung traten die angeführten Erscheinungen wiederum von Neuem auf, dauerten aber nur 24 Stunden. Nach zwei Monaten konnte Patient geheilt entlassen werden.

Als Ursache der Innervationsstörungen nimmt Duret (l. c.) eine Thrombose der Art. fossae Sylvii an. Duret nimmt ferner an, dass der Thrombus wieder fortgespült worden sei.

§. 53. Dupuytren und Baraduc zeigten gleichfalls, dass Thrombosen nach Verbrennungen ausserordentlich häufig vorkommen. Baraduc fand in den Leichen von zwei in Folge von Verbrennungen gestorbenen Individuen die linke Herzkammer, die Art. brachialis, die Aorta und andere mit Thromben gefüllt (Baraduc, wie schon erwähnt, glaubte diese auf eine direkte, durch die Hitze bewirkte Eindickung des Blutes zurückführen zu müssen). Verneuil hat zwei Fälle von Thrombosen der Venen der unteren Extremitäten in Folge von Verbrennungen an anderen Körperstellen beobachtet. Auch Brown[2]) hält nach eignen

---

[1]) Gaz. méd. de Paris 4. 1876.
[2]) Philad. medical Times VI. 226. 1876.

Beobachtungen Thrombose des Herzens und der grossen Venen für eine häufige Todesursache. Neureutter[1]) fand zahlreiche arterielle Thrombosen und Thrombose des Herzens bei einem 7½jährigen Kinde, das an Verbrennung des Rückens zu Grunde ging. Feltz endlich [2]) fand bei Sectionen zahlreiche hämorrhagische Infarkte in den Lungen, die er von Embolien herleitet, welche aus dem coagulirten Blut der Gefässe der verletzten Theile herbeigeschwemmt seien.

§. 54. Aus unseren eignen und aus fremden Beobachtungen ersehen wir demnach, dass in der That Thrombosen und Embolien ungemein häufig nach Verbrennungen beobachtet werden. Allerdings müssen wir in erster Linie die Zeit berücksichtigen, in der dieser Befund bei den Leichen gemacht wurde. Denn zunächst ist es unzweifelhaft, dass durch die Hitzeeinwirkung selber in den direkt betroffenen Körpertheilen eine Coagulation des Bluts, selbst in den nicht ganz oberflächlich gelegenen Venen, stattfinden kann. Ob nun diese allein so bedeutend sein kann, dass durch sie der Tod bedingt wird, müssen wir dahingestellt sein lassen. Denn wenn der Tod in den ersten Tagen nach der Verbrennung erfolgte, und man bereits sehr ausgedehnte Thrombosen vorfand, wie Brown grade derartige Fälle berichtet, so wissen wir, dass es sich doch in solchen Fällen um sehr hochgradige Verbrennungen handelte, und hierbei, wie wir gezeigt haben, noch ganz andere Todesursachen mitwirken.

Wichtiger und interessanter sind die Fälle von Thrombosen, Embolien, die in Leichen von Patienten, die eine oder mehrere Wochen nach der Verbrennung starben, vorgefunden wurden. Auch hier wiederum werden diejenigen Fälle leicht zu erklären sein, wo durch die Verbrennung selber und die sich anschliessende Entzündung Thrombenbildung in der Nähe der Brandwunden entsteht oder etwa dort vorhandene Thrombenmassen zerfallen. Bei solchen Verhältnissen kann es uns nicht Wunder nehmen, wenn bei etwa sehr profuser oder gar putrider Eiterung sich von den Thromben Theile ablösen, in den Kreislauf gelangen und auf solche Weise in die Lunge gerathen und entweder gleich oder durch sich anschliessende weitere Veränderungen des Lungengewebes den Tod bedingen.

§. 55. Aber wie verhält es sich mit den ganz entfernt von den verbrannten Theilen entstehenden Thromben in den Venen und in den Arterien, zumal die Entstehung der Thromben in letzteren durchaus nicht an bestimmte Dispositionen (angeborene Engigkeit der Arterien, atheromatöse Processe u. s. w.) gebunden zu sein braucht?

Wenn wir die Entstehung der Thromben in Verbindung bringen wollen mit den durch die Verbrennung gesetzten Wunden, so sehen wir uns zu der Annahme hingetrieben, dass irgend welche Bestandtheile von den Wundflächen aus in den Kreislauf gelangen. Diese Bestandtheile, die durch das Capillargebiet der Lunge durchzukommen im Stande sein müssen, um die Thrombosen in den Arterien zu erzeugen, brauchen in den angrenzenden und abführenden Venen keine

---

[1]) Wien. med. Presse 15. 16. 1871.
[2]) Gaz. des hôpitaux 58. 1870.

Gerinnungen zu erzeugen. Dass letzteres überhaupt möglich ist, das haben die Experimente der letzten Jahre gezeigt. Es ist hier nicht der Ort, ausführlich diesen Gegenstand zu erörtern, ich möchte hier nur kurz hinweisen auf die Arbeiten von Alex. Schmidt[1]) und seinen Schülern, besonders auf die Arbeit von Köhler[2]). Das Fibrin entsteht aus der Vereinigung zweier Fibringeneratoren unter Einwirkung des Fibrinferments. Durch Zerfall der farblosen Blutkörperchen wird das Paraglobulin und ganz besonders das Fibrinferment frei und kann auf das Fibrinogen einwirken. So lange die farblosen Körperchen unversehrt im Blute circuliren, kann desshalb eine Gerinnung nicht eintreten. Es lässt sich nun zunächst denken, dass (unter Einwirkung einer specifischen Zymose oder vielleicht auch ohne diese) eine besonders energische Fermenentwickelung aus zerfallenden Eiter- und Gewebselementen an der eiternden Wunde statt hat, oder aber auch, dass nur durch ausgedehnte Ernährungsstörungen in den Wandungen der Capillaren oder sonst günstige Verhältnisse schnell und in grösseren Mengen frisch gebildetes Ferment und fibrinoplastische Substanz in das Capillarblut diffundiren und filtriren, sich hier innig einem Blute beimengen, das durch den Entzündungsheerd für die Einwirkung des Ferments prädisponirt ist. Es entstehen in den abführenden Venen grosse Thromben oder auch mit Uebergehung dieser primär in der Lunge. So entsteht eine der septischen durchaus ähnliche Affection, die nachweislich auf sehr multiple Coagulationsthrombose, namentlich capillärer Gefässe, hinauskommt. Aber Köhler (l. c. S. 100) kam noch zu anderen Resultaten, von denen ich kurz einige, soweit sie uns hier interessiren, anführe. — 1) Durch das Fermentblut werden ebenso wie in den Lungengefässen auch in denen vieler anderer Organe (Mesenterialdrüsen, Darm, Schleimhaut der Ureteren und Blase u. a.) meist sehr multiple Gerinnungen erzeugt. (Vgl. darüber noch weiter unten die Theorie der Duodenalgeschwüre nach Verbrennungen.) 2) Wird das Fermentblut in den Kreislauf injicirt, so erzeugt dasselbe zunächst wahrscheinlich gallertige Eindickung und damit Schwerflüssigkeit des Gesammtbluts, die analog dem Verhalten des Fermentationsprocesses ausserhalb des Körpers, wiederum vollkommen löslich ist und ihren Ausdruck findet in einer, durch relative Anämie des Gehirns verursachten, sehr ausgesprochenen Depression der Functionen desselben, weiter in Respirationsnoth. Alle diese Erscheinungen verschwinden nach längerer oder kürzerer Zeit spurlos. Wo in gewissen Organen Prädisposition dazu vorhanden ist, schreitet das lösliche Anfangsstadium zu wirklicher unlöslicher Gerinnung fort. 3) Es ist wahrscheinlich, dass diese in Rede stehende Eindickung des Bluts sich mikroskopisch als globulöse Stase darstellen wird.

Ich führe diese wenigen Sätze an, um zu zeigen, dass möglicherweise uns die auf experimentellem Wege gewonnenen Thatsachen auch einigen Aufschluss über das Zustandekommen von Thrombosen und Embolien nach Verbrennungen geben und manche eigenthümliche Er-

---

[1]) Arch. für Anatomie u. Physiolog. 1861. 62. Pflüg. Arch. VI. IX. XI. XIII.
[2]) Köhler, Ueber Thrombose und Transfusion, Eiter und septische Infektion und deren Beziehung zum Fibrinferment. Dorpater Inauguraldissertation 1877.

scheinung zu erklären im Stande sein können. Doch begnügen wir uns hier mit diesen wenigen Andeutungen, um uns nicht weiter auf das Gebiet der Hypothesen einzulassen. Etwas Positives und Bestimmtes aufzustellen sind wir vorläufig nicht im Stande. Auch würde immerhin damit noch nicht erklärt sein, warum grade nach Verbrennungen diese Thrombosen so häufig beobachtet werden.

§. 56. Von Entzündungen innerer Organe nach Verbrennungen finden wir am häufigsten verzeichnet Entzündungen des Darms, der Nieren, dann der Lungen, der Pleura, der Hirnhäute. Es ist eine alte Erfahrung, dass von diesen Organen sehr häufig grade diejenigen befallen werden, deren bedeckende Haut vorzugsweise verbrannt ist und ein direkter Zusammenhang mit den Vorgängen in den Brandflächen wird wohl ohne Schwierigkeit dann anzunehmen sein. So entstand bei einem 6jährigen Mädchen, welches im Bette liegend durch siedenden Kaffee verbrannt wurde und nach 8 Tagen starb, eine Pleuritis dextra, welche als Todesursache aufgefasst werden musste, und die als Folge der Verbrennungen, welche sich vom linken Ohr über den halben Rücken bis nach rechts hinüber in die Achselhöhle, rechte Brustseite und Oberextremität erstreckte, angesehen wurde. Ferner fand sich bei einem Knaben, der 3 Wochen nach der Verbrennung starb, und bei dem die Brandgeschwüre sich besonders auch am Hinterkopf, Nacken und Schulter befanden, eine Entzündung der pia mater, eine deutliche Meningitis. (Vergl. noch andere derartige Fälle in Liman, gerichtliche Medicin II. 340 ff.) Schon Morgagni (Epistol. IV 13) beobachtete, was speciell die Meningitis anbetrifft, seröse Ausschwitzungen der Arachnoidea und des Gehirns nach Verbrennungen höheren Grades. Er vergleicht diese und ähnliche Folgen nach Verbrennungen durch die Unterdrückung der Hautthätigkeit, wie sie auch nach seiner Meinung bei Hautausschlägen eintreten, wenn diese plötzlich durch künstliche Mittel geheilt werden. — Im Ganzen ist aber die Entzündung der Hirnhäute nicht grade häufig in den verschiedenen, berichteten Verbrennungsfällen aufgeführt und ich selber habe in den Sectionsprotokollen hiesiger Anstalt nur sehr selten derartige Befunde notirt gefunden und dann (wie gesagt) meistens nur in Fällen, in denen durch die Localisation der Verbrennung das Auftreten dieser Art Entzündung erklärlich war. — Endlich will ich noch, als hierher gehörend, erwähnen, dass ebenso nach Verbrühungen des Kehlkopfs, des Schlundes durch siedendes Wasser oder ausströmenden Dampf der Tod in Folge von Pneumonie oft erfolgt. Auch hier kann man einen direkten Zusammenhang ohne Weiteres wohl annehmen (vgl. §. 63).

§. 57. Für gewöhnlich treten die Entzündungen innerer Organe nach Verbrennungen nicht unmittelbar nach der Verletzung auf, sondern nach einer oder mehreren Wochen. Es lässt sich daraus der Schluss ziehen, dass besagte Entzündungen nicht mit der Hitzeeinwirkung selber in Zusammenhang stehen, sondern dass dieselben mit grösster Wahrscheinlichkeit auf die als weitere Folge der Verbrennung auftretende Blutalteration zu beziehen sind. (Ebenso wie die Entstehung der Thrombosen, die wir vorhin besprochen haben.) Nur in seltenen Fällen sind Entzündungen, z. B. parenchymatöse Nephritis, unmittelbar nach der Verbrennung beobachtet worden. Hierher gehört der Fall von Ponfick [1]). Derselbe fand bei einem Individuum, das 18 Stunden nach ausgedehnter Verbrühung durch siedendes Oel starb, eine Nephritis vor, die sich nicht, wie in den bisher bekannten Fällen, auf eine starke Blutfüllung und parenchymatöse Degeneration beschränkte, sondern bei der es sich zugleich um eine höchst acut zu Stande gekommene Exsudation in das Lumen der Harncanälchen, also um eine wirkliche und ächte Entzündung des harnabsondernden Parenchyms handelte. Ponfick führt diese Entzündung, wie wir schon an anderen Orten erwähnt haben (§. 37), zurück auf den durch die Hitzeeinwirkung bewirkten Zerfall der rothen Blutkörperchen, welcher hauptsächlich die Nieren in Mitleidenschaft zieht, da durch sie ein guter Theil des nun gewissermassen frei im Blute circulirenden Hämoglobins nach aussen geführt wird. Doch steht diese Beobachtung zu vereinzelt da, um aus ihr Schlüsse ziehen zu dürfen. Wir haben weiter oben auch schon die Gründe und Umstände erwähnt, welche gegen diese Auffassung sprechen. Ich betone hier nochmal, dass derartige Entzündungen in so kurzer Zeit nach dem Tode höchst selten zur Beobachtung kommen; auch in unseren Fällen wurde nichts Derartiges notirt. Ebenso haben weder wir noch Andere bei der Untersuchung des Urins in den ersten Tagen Zeichen einer derartigen Nephritis finden können [2]).

§. 58. Eine andere Frage wäre vielleicht die, ob die in Leichen Verbrannter des Oefteren vorgefundene, manchmal sehr bedeutende fettige Degeneration des Herzfleisches und Leber in Beziehung zu bringen sei mit der Hitzeeinwirkung selber. Ich glaube aber Litten (Virchow's Archiv Bd. 70) vollständig beistimmen zu können, wenn er bei Gelegenheit der Erwähnung des Hitzschlages in Folge seiner Untersuchungen zu dem Resultate kommt, dass es wohl kaum anzunehmen sei, dass eine Verfettung der parenchymatösen Organe jemals unter der Einwirkung selbst excessiver Wärmegrade in wenigen Stunden zu Stande kommen könnte, und wo speciell einer Herzverfettung in dergleichen Fällen die Schuld an dem letalen Ausgange vindicirt worden sei, dürfte wohl die Frage berechtigt sein, ob nicht die Verfettung schon früher bestanden und den letalen Ausgang unterstützt und beschleunigt habe.

§. 59. Wir müssen daher die Entstehung der Entzündungen innerer Organe nach Verbrennungen nicht in die Zeit unmittelbar nach der Verletzung verlegen (mit wenigen und seltenen Ausnahmen), sondern in

---

[1]) Berlin. klin. Wochenschrift. XIV. 47. 1877.
[2]) Scheinbar ähnliche Befunde hat man auf experimentellem Wege nach Verbrennungen bei Thieren constatirt. Wertheim fand bei Hunden die mit Petroleum, Theer oder Terpentinöl eingerieben und dann angezündet wurden, Nephritis verschiedenen Grades. Auch Awdakow [3]) erhielt bei seinen Versuchen an Thieren in den Nieren constant Hyperplasie der Epithelien in den Harncanälchen und Blutaustritt. Aber die Versuche Werthheim's sind nicht ganz rein, da möglicherweise bei den Thieren durch die vorangegangene Einreibung mit Theer, Terpentinöl Nierenaffection auftreten konnte, und die Versuche von Awdakow (das Original liegt mir allerdings nicht vor, sondern nur ein Referat der Arbeit) scheinen mir über eine gewöhnliche Hyperämie nicht viel hinauszugehen.
[3]) Centralblatt für Chir. 1876. S. 390.

den Fällen, in denen derartige Entzündungen auftraten und den Tod des Patienten veranlassten, traten dieselben nach einer bis mehreren Wochen auf.

Aus unseren Beobachtungen theilen wir zur Illustration folgenden Fall von Nephritis nach Verbrennung mit.

Ein 18jähriges kräftiges Mädchen hatte in Folge von Petroleumentzündung eine ausgedehnte Verbrennung erlitten. An den Armen, am Thorax, am ganzen Bauch und an den Beinen bis jenseits der Kniegelenke fanden sich alle Grade von Brandwunden, auch ausgebreitete Schorfbildung. Nachdem die primären bedrohlichen Erscheinungen vorüber waren, bestand die Behandlung hauptsächlich in prolongirten, warmen Bädern und gegen die Schmerzen wurden Narcotica verabreicht. Am zweiten Tage zeigten sich Spuren von Eiweiss im Urin, später nahm das Albumen sehr zu, auch Cylinder traten auf. Patientin starb nach 10 Tagen.

Bei der Autopsie fand man in der Bauchhöhle, in der Pleura wenig, im Herzbeutel viel Fluidum. Lungen blutreich, Ecchymosen. Milz vergrössert. An der l. Niere trennt sich Kapsel leicht, Rinde etwas blass, Glomeruli blass. Trübung der Harncanälchen. R. Niere deutlich geschwollen, Kapsel leicht abziehbar, Trübung bedeutend. — Leber gross und schwer. Im Darm nichts Besonderes.

§. 60. Schon weiter oben bemerkten wir, dass von den Entzündungen innerer Organe ausser den Nieren, sehr häufig Entzündungen des Darms berichtet werden. Diese machen manchmal Symptome während des Lebens, indem profuse unstillbare Durchfälle auftreten, manchmal fehlen alle Anzeichen. Im London Hospital (1870) trat in Folge dreistündiger profuser Diarrhoë der Tod nach einer Verbrennung ein. Am allerhäufigsten wird aber in Sectionsberichten, die veröffentlicht wurden, von einer speciellen Affection des Duodenums, von Duodenalgeschwüren, Erwähnung gethan, die wohl unzweifelhaft viel häufiger, als andere pathologische Veränderungen und Befunde in Leichen Verbrannter vorzukommen scheinen. Freilich, weil die Genese dieser Duodenalgeschwüre sehr dunkel war und noch ist, so ist es erklärlich, dass jedesmal, wenn eine derartige Affection vorgefunden wurde, dieselbe publicirt wurde, um zu gleicher Zeit eine neue Hypothese zur Erklärung derselben aufzustellen.

Der Sitz der Geschwüre ist meist in nächster Nähe des Pylorus, selten in der Pars pylorica des Magens. Zuweilen finden sich 4—6 Geschwüre. Man hat dann Gelegenheit, die verschiedenen Entwicklungsstadien dieser Geschwüre nebeneinander zu beobachten, und zwar findet man hämorrhagische Erosionen bis zu Substanzverlusten, welche die Muscularis durchdringen. Nicht constant besteht neben den Geschwüren Entzündung der Duodenalschleimhaut mit reichlichen feinen Hämorrhagien derselben.

§. 61. Die nach Verbrennungen auftretenden Catarrhe und acuten Entzündungen des Tractus gastro-intestinalis waren schon A. G. Richter (Anfangsgründe der Wundarzneikunst 1799. Bd. I. S. 112), Beck, Walther und Anderen bekannt. Auch Rust verglich den Tod nach ausgedehnten Verbrennungen mit dem des Cholerakranken. Ebenso erwähnt Dupuytren die Veränderungen des Darms. Aber erst Curling [1]) machte durch die Veröffentlichung einer grossen Reihe von Fällen auf die Affection des Duodenums aufmerksam. Allerdings hatte schon vor ihm John Macfarlane (1833) derartige Verschwärungen in einem Falle gefunden, aber erst durch Curling wurde das ärztliche Publikum auf die Duodenalgeschwüre hingewiesen. Er theilte (l. c.) 12 Fälle theils aus eigner, theils nach Erfahrungen Anderer mit, in denen in den Leichen Verbrannter das Duodenum erkrankt, entzündet, mit Geschwüren versehen oder perforirt war. Eigenthümlicher Weise waren die meisten Kranken weiblichen Geschlechts. Der Tod erfolgte, ein Fall ausgenommen, zwischen dem 7.—17. Tage. In 9 Fällen trat Perforation ein, drei davon endeten tödtlich durch Peritonitis, sechs durch Hämorrhagien. Die Ulceration kam bei allen von Curling berichteten Fällen im Duodenum, an der Stelle vor, wo der Kopf des Pancreas sich an den Zwölffingerdarm anlegt. Die an dieser Stelle so gefährlichen Hämorrhagien nehmen ihren Ursprung aus der Art. pancreatico-duodenalis. Nach den Veröffentlichungen Curling's folgte eine ganze Reihe von Beobachtungen und zwar von Erichsen [2]), Lee Stanley, Cooper, O'Sullivan [3]) und Anderen. Neuerdings berichtete Cuthberston [4]) von einem Falle, in dem 14 Tage nach der Verbrennung durch Blutbrechen und blutigen Stuhlgang der Tod erfolgte. Zwei grosse tiefe Duodenalgeschwüre fanden sich bei der Autopsie. An diese Beobachtungen schliessen sich anderweitige Befunde an, als Schwellung der Brunner'schen Drüsen oder sonstige Zeichen einer acuten, aufs Duodenum oft allein beschränkten Entzündung.

§. 62. Warum das im Ganzen seltene Duodenalgeschwür grade nach Verbrennungen entsteht, und warum das Geschwür grade im Duodenum vorkommt, das sind Fragen, die wir trotz vielfacher Versuche bis auf den heutigen Tag zu beantworten nicht im Stande sind. Es würde uns zu weit führen und dürfte auch wohl kaum nutzbringend sein, wollten wir auf die verschiedenen Hypothesen, die zur Erklärung der Duodenalgeschwüre aufgestellt wurden, näher eingehen. Wir führen nur einige wenige Ansichten an, die verhältnissmässig noch die meisten Vertreter gefunden haben. Die einen nehmen an, es handle sich um einen embolischen Verschluss der Duodenalgefässe, andere drücken sich allgemeiner aus und nehmen eine Circulationsstörung als ursächliches Moment an. Dadurch ist es aber nicht klar, warum Störungen grade im Duodenum auftreten sollten, während auf der anderen Seite wir bei Embolie in Folge von Herzkrankheiten niemals Infarkte oder aus solchen entstandene Geschwüre im Duodenum finden. Dass diese Duodenalgeschwüre auf einer Alteration der Gallenzusammensetzung beruhen sollten, entbehrt jeder Begründung.

Dass die in den Leichen Verbrannter, wenn der Tod ziemlich früh erfolgt, vorgefundenen hämorrhagischen Erosionen des Magens und die blutigen Infiltrate im Darm, denen später wohl mehr oder weniger

---
[1]) Transactions med. chir. XXV. 1842.
[2]) Lond. med. Gaz. 1844.
[3]) Dublin Rev. 1864.
[4]) Med. Times and Gaz. Sept. 1867.

tiefe Defekte folgen, als die ersten Anfänge von Geschwüren anzusehen sind, scheint ziemlich sicher zu sein. Wir stimmen mit Ponfick (l. c.) vollständig überein, wenn er meint, dass, da in Folge der Verbrennung im ganzen Verlaufe des Verdauungstractus blutige Anschoppungen und entsprechende Geschwüre auftreten können, das Duodenum nur eine besonders bevorzugte Localität zu sein scheint. Ponfick ist der Ansicht, dass hier, vielleicht wie im Magen, der Einfluss der Selbstverdauung sich geltend mache. Wenn wir nun den Umstand berücksichtigen, dass bei bestimmten Infectionskrankheiten, wie z. B. Typhus, Blattern, man Duodenalgeschwüre vorfindet, die in der grossen Mehrzahl der Fälle auf Grund eines hämorrhagischen Infarktes der Schleimhaut sich entwickeln, und dass man auch da oft Gelegenheit hat, die mannigfachen Entwicklungsstadien derselben zu beobachten, so dürfte es vielleicht als nicht ganz unwahrscheinlich erscheinen, dass auch nach Verbrennung die besagten Geschwüre einer Krankheit allgemeinerer Art (Infectionskrankheit?) ihre Entstehung verdanken.

Wir kommen somit auf einen Punkt zurück, den wir schon bei Besprechung der Thrombosen und Embolien nach Verbrennungen kurz berührt haben, und ich verweise auf das an jener Stelle Gesagte (vgl. §. 54—56). Es dürften auch hier vielleicht die unter bestimmten Verhältnissen (Fermentwirkung) auftretenden Capillarthrombosen eine Rolle spielen.

§. 63. In seltenen Fällen ist Pneumonie als Todesursache nach Verbrennungen angegeben. (Nach Hebra unter 70 Fällen etwa 5mal.) Und dann fragt es sich noch, ob diese allein den Tod bedingt hat. Auch über deren eventuellen Zusammenhang mit der Verbrennung verweise ich auf bereits früher Gesagtes (§. 56). Dass hypostatische Pneumonien bei Verbrannten öfters vorkommen, kann uns bei dem langwierigen Verlauf der Heilung ausgedehnter Brandflächen nicht Wunder nehmen. Bei Menschen, die in einer Feuersbrunst sich befunden haben, entstehen Pneumonien durch Einathmen der mit dickem Rauch und allerlei Bestandtheilen erfüllten Luft. So beobachtete Ollivier[1]) bei den unglücklichen Opfern, die sich auf dem in Brand gerathenen „bagne flottant St. Petri" befunden hatten, in einer Reihe von Fällen Pneumonien, die auf solche Ursachen zurückzuführen waren.

§. 64. Es ist ungemein schwer, sich über die Häufigkeit des Vorkommens von Entzündungen innerer Organe ein einigermassen richtiges Bild aus den verschiedenen Berichten und Beobachtungen zu machen. Denn abgesehen davon, dass nur ein sehr kleiner Theil von Autopsien referirt ist, muss man in vielen Berichten eine gewisse Mangelhaftigkeit und Ungenauigkeit rügen, die es unmöglich macht, Zahlen von irgend welchem Werthe aufzustellen. In einer ganzen Reihe besonders langwieriger Fälle, in denen von Pneumonie oder Nephritis berichtet wird, hat es sich offenbar um sogenannte „Schluckpneumonie" oder um Nephritis, die ihren Ursprung einer Cystitis verdankte, gehandelt. Nach unseren eignen Erfahrungen vertreten wir die Ansicht,

---

[1]) Arch. de méd. nav. 1864. Tom. I.

dass Entzündungen innerer Organe nach Verbrennungen durchaus nicht häufig den Tod verursachen.

§. 65. In einer Reihe von Fällen werden wir als Todesursache vor Allem die allgemeine, durch die ausgedehnte Eiterung und das damit verbundene Fieber bedingte Erschöpfung ansehen müssen. Es ist das eine Todesursache, die nicht besondere Eigenthümlichkeiten hat, die der Verbrennung als solche zukommen, sondern es handelt sich dabei nur um die allgemeinen Gefahren, die eine ausgedehnte Eiterung überhaupt mit sich bringt. Sehr häufig werden wir daneben noch Entzündungen innerer Organe vorfinden, wie ich schon weiter oben es angedeutet habe, so dass diese Ursachen sehr häufig gemeinsam den Tod im einzelnen Falle bedingen, oder wir finden wenigstens noch Reste derartiger Entzündungen. Besonders bei Kindern tritt die Erschöpfung und der Marasmus eher und gleich von vornherein in bedenklicherer Weise auf, als bei Erwachsenen. Die Sectionsbefunde dieser Periode ergeben wenig Charakteristisches. Duodenalgeschwüre sind auch noch in der vierten Woche und später nach Verbrennung zu finden. Einmal fand Curling ein fast geheiltes Geschwür der Art bei einem Kinde, welches 28 Tage nach der Verbrennung gestorben war.

§. 66. Einige Autoren erwähnen noch Fälle, in denen der Tod nach vollendeter Cicatrisation ohne deutlich wahrnehmbare organische Störung eingetreten sein soll. James Long[1]) erwähnt derartige Fälle schon, desgleichen Laugier[2]), der mit dem Aufhören der Eiterung und dem Schluss der Narbe, statt der Secretion des Eiters, die habituell geworden war, beträchtliche seröse Ergüsse in die Pleura u. s. w. beobachtete. Es lässt sich aus den vorliegenden Beobachtungen kaum irgend ein Schluss ziehen. Wahrscheinlich sind diese Beobachtungen sehr mangelhafter Natur, und es mag da, wo Ergüsse in innere Höhlen stattgefunden haben, sich wohl um übersehene Nierenkrankheiten oder dgl. gehandelt haben. Vielleicht haben in dem einen oder anderen Falle Narbenbildungen im Digestionsapparat, welche Stricturen verursacht hatten, die schliessliche Todesursache bei ihrem nachtheiligen Einfluss auf die Ernährung, da wo die Vernarbung der äusseren Haut beendet und der Kranke geheilt erschien, gebildet.

§. 67. Gewisse giftige Substanzen verursachen in Folge der grossen Intensität, mit der sie wirken, in der Regel sehr tiefgehende Verbrennungen, nach denen dann der Tod meist schneller einzutreten pflegt, als nach Verbrennungen durch Flammen, siedende Flüssigkeiten u. s. w. Aber besondere Eigenthümlichkeiten hat der Tod nach derartigen Verbrennungen, wie sie Brattler[3]) in Bezug auf Phosphor, Lisfranc[4]) in Bezug auf Acidum fluoricum beschrieben, nicht aufzuweisen.

---

[1]) Lond. med. Gaz. Vol. 25, p. 743.
[2]) Diction. de méd. et chir. p. 746.
[3]) Bayr. ärztl. Intelligenzblatt 1859.
[4]) Clinique chirurg. de l'Hôpital de la pitié. Paris 1841.

Anhang zu Cap. IV.
Die accidentellen Wundkrankheiten nach Verbrennungen.

§. 68. Wir können diesen Abschnitt ziemlich kurz abfassen, da accidentelle Wundkrankheiten sich nicht häufiger zu Brandwunden als zu anderen Wunden gesellen und in ihrem Verlauf nichts Besonderes darbieten. Eine einzige Ausnahme macht vielleicht der Tetanus, der in der That nicht selten nach Verbrennungen aufzutreten scheint. Unsere eigenen Erfahrungen und auch die Angaben Anderer scheinen in der That dafür zu sprechen. Allerdings sind wir auch hier nicht im Stande durch Zahlen diese unsere Ansicht zu beweisen, denn weder können wir angeben, wie oft bei Verbrennungen Tetanus und Trismus überhaupt beobachtet wurden, geschweige denn in wie viel der tödtlich verlaufenden Fälle Tetanus die Todesursache war. Aus kleinen Zahlen ein Urtheil zu fällen ist zu unsicher (so hatten wir bei etwa 20 in der Klinik behandelten Verbrennungsfällen 3 Mal Trismus und Tetanus zu constatiren). Es bleibt uns daher nur übrig unsere Ansicht auch durch die Urtheile Anderer zu stützen, und eine grosse Anzahl derer, die über Verbrennungen ihre Erfahrungen veröffentlicht haben, stimmen darin überein, dass Trismus und Tetanus häufiger zu Brandwunden hinzutreten als zu Wunden, die durch irgend andere Verletzungen hervorgerufen sind. — Die Angaben über die Zeit des Eintritts des Tetanus sind sehr verschieden. Vor dem 4. oder 5. Tage scheint derselbe selten aufzutreten, Butcher beobachtete das Auftreten des Tetanus am 11., 17., 18. Tage, wir am 8., 9. Tage nach ausgedehnten Verbrennungen. Uebrigens hält sich Tetanus nicht an grosse Brandflächen, man hat ihn ebenso nach etwa thalergrossen Brandwunden, z. B. des Fusses, auftreten sehen. Auch bei diesem Tetanus richtet sich (nach unserer Ansicht) die Prognose meist nach der Höhe der Temperaturen. Steigt nach den ersten Anzeichen eines beginnenden Tetanus die Temperatur, und hält sie sich hoch, so ist die Prognose von vornherein weit schlechter, als wenn kleine Exacerbationen am Nachmittage stattfinden, die von meist normalen Morgenremissionen gefolgt werden, oder überhaupt wenn nur geringe Schwankungen vorkommen.

§. 69. Von vielen Autoren wird erwähnt, der erste Grad der Verbrennung gehe oft in ein Erysipelas über. Ich habe dergleichen nicht constatiren können und Billroth (l. c.) hält dieses für höchst unwahrscheinlich. Dass da, wo bei mangelhafter Pflege die Wunden mit Borken, welche zersetzten Eiter zurückhalten, bedeckt sind, Lymphangitis und auch Erysipelas vorkommt, kann uns nicht wundern. Unter 204 Verbrennungsfällen im Boston City Hosp. während eines Zeitraumes von 11 Jahren kam nur 5 Mal Erysipelas vor.

§. 70. Metastatische Pyämie kommt im Verlauf der Verbrennungen selten vor. Birch-Hirschfeld will diesen Umstand dadurch erklären, dass die Circulation in den verbrannten Theilen und in deren nächster

Umgebung stockt und desshalb die Resorptionsbedingungen für infectiöse Stoffe, die sich etwa auf der Wunde bilden, ungünstig sind. — Häufiger sieht man die Patienten unter mehr septischen Erscheinungen, oder sagen wir allgemeiner unter dem Bilde einer Infection und ihrer Folgezustände zu Grunde gehen, wie wir es schon weiter oben an mehreren Orten angedeutet haben.

Cap. V.

Prognose.

§. 71. Was die Prognose der Verbrennungen anbelangt, so ergiebt sich das für die Beurtheilung der Einzelfälle Nöthige aus dem Gesagten. Soll man eine Verbrennung gleich nachdem sie stattgefunden hat, beurtheilen, so wird sich das Urtheil hauptsächlich nach der Ausdehnung, dann nach der Intensität der Verbrennung, endlich nach der physiologischen Dignität des durch die Verbrennung getroffenen Theiles richten. Alle Verbrennungen sind (caeteris paribus) um so gefährlicher, wenn sie die Nachbartheile oder die Bedeckungen einer der drei grossen Körperhöhlen betreffen, wegen der alsdann leicht zu befürchtenden secundären Entzündungen der in jenen Höhlen liegenden Organe und ihrer serösen Auskleidungen. Selbstverständlich muss bei der Beurtheilung, besonders in Hinsicht auf die Gefahr, die ausgedehnte Brandwunden mit sich bringen, das Alter und die Constitution der betreffenden Patienten berücksichtigt werden. Bei jungen und schwächlichen Individuen ist die Prognose viel ungünstiger. Auch im weiteren Verlaufe der Verbrennungen werden diese Momente eine grosse Rolle spielen müssen, besonders da, wo die Heilung der Wunden langsam erfolgt und eine langwierige Eiterung sich einstellt.

§. 72. Was die Prognose für die Function des durch die Verbrennung betroffenen Körpertheils anbetrifft, so wird dieselbe für Verbrennungen ersten und zweiten Grades meist günstig lauten, wenn nicht grade durch die Localität, Nähe der Augen u. s. w., ungünstigere Verhältnisse vorhanden sind. Bei den Verbrennungen, welche Schorfe erzeugt haben, kann durch die später zu befürchtenden, starken Narbenzusammenziehungen bedenkliche Störungen auftreten. Das gilt besonders von den Fällen, in denen die Schorfe an den Extremitäten, z. B. den Fingern, an den Gelenken, im Gesicht, am Hals ihren Sitz hatten. Auch durch das Lösen der Schorfe und die dadurch manchmal bedingte Eröffnung von Körperhöhlen oder grossen Gelenke kann die Prognose sich sehr ungünstig gestalten (vgl. §. 24 ff.).

Cap. VI.

Behandlung der Verbrennungen.

§. 73. Es giebt wohl wenige Capitel in der Chirurgie, die eine so grosse Anzahl therapeutischer Mittel aufzuweisen hätten, wie das Capitel der Verbrennungen. So lange schon Chirurgie getrieben wird, finden wir eine Reihe von Heilmittel gegen Brandwunden angegeben, und in jedem Jahrhundert sind neue Mittel angepriesen worden. Wenn man dazu noch die nicht minder zahlreichen Volksmittel und die Geheimmittel gegen Verbrennungen nimmt, so wächst deren Anzahl zu einer sehr stattlichen heran. Gar viele dieser Verordnungen wurden im Laufe der Zeit vergessen, tauchten aber später als neues Verfahren wieder auf. Die grösste Masse der Salben und Medicamente bezog sich auf die Behandlung nicht ausgedehnter Verbrennungen geringerer Grade, und da diese meist unter jedem Deckverband zu heilen pflegen, so erklärt es sich, dass alle die unzähligen Mittel Erfolge aufzuweisen hatten. Dass überhaupt immer neue Verfahren versucht wurden, hängt damit zusammen, dass alle diese Mittel gegen ein Hauptsymptom der Verbrennungen nicht radical halfen, nämlich gegen die Schmerzen.

§. 74. Wir werden nun im Folgenden nur diejenigen Mittel, Salben und Medicamente berücksichtigen, die wenigstens irgend ein bei der Behandlung der Verbrennungen zweckmässiges Princip vertreten. Es wird daher unsere Darstellung nicht Anspruch machen auf absolute Vollständigkeit.

I. Behandlung leichter und nicht sehr ausgedehnter Verbrennungen.

Es handelt sich dabei a) die Regeneration der Epidermis durch zweckmässige Maassregeln zu begünstigen oder wenigstens nicht zu stören, b) den oft sehr heftigen Schmerz zu beseitigen, endlich noch in einigen Fällen c) auf die etwa vorhandenen und oft wenig zur raschen Benarbung geneigten Granulationsflächen zweckmässig einzuwirken.

§. 75. Beginnen wir hier mit einem der einfachsten Mittel, mit der Kaltwasserbehandlung. Für die Einführung dieser Behandlungsmethode hat sich Dzondi[1]) sehr bemüht. Derselbe hat (l. c.) den günstigen Einfluss dieser Art Therapie nicht allein an Thieren gezeigt, sondern auch an sich selber erprobt, um auf solche Weise auch in diesem Capitel der Chirurgie den Lehren des Dr. Hahnemann entgegenzutreten. Es ist unzweifelhaft, dass die Immersion und die continuirliche Irrigation ausgezeichnete Dienste leistet und entschieden am schnellsten schmerzstillend wirkt. Wir werden auf diese Wirkung noch zurückkommen bei Besprechung der bei ausgedehnteren Verbrennungen in Anwendung kommenden Vollbäder (§. 87). Dass dieses Verfahren nicht öfters in Anwendung kommt, als es verdient, hängt wohl von der Umständlichkeit desselben ab.

Es sind daher von jeher bei dieser Art von Verbrennung Deckverbände der verschiedensten Art bevorzugt worden.

§. 76. Der sorgfältige Abschluss der Luft lindert jedenfall sehr die Schmerzen und je seltener ein Verband gewechselt zu werden braucht,

---

[1]) Dzondi, Ueber Verbrennungen und das einzige, sichere Mittel sie in jedem Grade schnell und schmerzlos zu heilen. 2. Ausgabe. Halle 1825.

um so schmerzloser ist für den Patienten das Verfahren. Ist nur einfaches Erythem der Haut vorhanden, so wird ein trockner Watteverband, der ruhig liegen bleibt, gute Dienste thun. Ist aber Schwellung der Haut, Blasenbildung vorhanden, so sind kühlende Verbände oder Verbände mit leicht adstringirenden Mitteln eher am Platze.

§. 77. Aber auch in den Fällen, in denen die Haut bloss hyperämisch, die Epidermis nicht verletzt ist, sind zur Linderung der Schmerzen und zur Minderung der Blutfülle in den Gefässen die Anwendung kalter Umschläge oder sonstiger Substanzen, welche schlechte Wärmeleiter sind, zu empfehlen. Hierher gehören die bekannten Volksmittel: Auflegen von geschabtem, rohem Kartoffelbrei oder Mohrrübenbrei, von Lehm oder angefeuchteter Erde. Auch Bleimittel: Aqua Goulardi, Unguent. Cerussae, Ung. diachylon, können mit Erfolg verwerthet werden, ohne dass man, selbst bei ausgedehnterer Anwendung durch Resorption des Bleis eine Bleiintoxication zu befürchten hätte. Eine möglichste Ruhestellung des betreffenden Gliedes ist dabei auch wünschenswerth. Das Glied darf nicht herabhängen, sondern muss aufgebunden werden.

§. 78. Alle diese Mittel sind, wie gesagt, auch in den Fällen indicirt, wo stärkere Entzündungen, Blasenbildung, Schwellung der Haut durch die Verbrennung hervorgerufen sind. Hierbei ist nun die Entwickelung der verloren gegangenen Epidermis auf naturgemässem Wege zu begünstigen, und zu diesem Zwecke, sowie auch um die Schmerzhaftigkeit nicht durch Freilegung des sehr empfindlichen Coriums zu steigern, werden die vorhandenen Blasen entweder, wenn sie nicht sehr stark gespannt sind und durch ihre Spannung Schmerz verursachen, unberührt gelassen oder bloss am tiefsten Punkte mittelst eines kleinen Schnittes oder Nadelstiches geöffnet und entleert, wobei man aber darauf Acht zu geben hat, dass die Blasendecke in der That auch als Decke dient. Ist der Inhalt der Blasen mehr gallertartig, so muss eine etwas grössere Spaltung der Blase gemacht und durch sanften Druck diese entleert werden. Nun folgt bald ein trockner, bald ein feuchter Deckverband auch mit den schon vorher angeführten Mitteln in Verbindung. Die Einen bestreuen die Wundflächen mit Mehl, Kreide, Amylum, trockner Erde, Baumwolle (vgl. im Literaturverzeichniss). Die Anwendung der Watte, die noch heutzutage sehr beliebt ist, wurde, wenn auch schon früher hie und da bekannt, eigentlich erst von Anderson in die Praxis eingeführt. — Am beliebtesten waren von jeher Salben oder diesen ähnliche Mittel, welche auf Leinwand gestrichen, auf die Wunden gelegt wurden. Dahin gehören frische, ungesalzene Butter, Linimente aus Milchrahm und Eidotter oder Oel und Eidotter, Zink und Bleisalben. Mendenhall[1]) empfahl 1 Th. Terpentinöl auf 2 Theile gewöhnliches Oel und rühmte die schmerzstillende Wirkung seines Mittels. Andere mengten den Salben Schwefelblumen bei, wieder Andere rühmten zur Behandlung die gummösen und albuminösen Flüssigkeiten; de Bruyne[2]) giebt folgendes Mittel an: Kalkhydrat 3,0,

---

[1]) Amer. Journ. of the Medical Sciences 1866.
[2]) Journ. de méd. etc. Bruxelles. Janv. 1871.

Glyc. 150,0, Aeth. chlor. 3,0; Nitsche (Naturforscherversammlung zu Graz 1875) empfiehlt zur Bedeckung der Wunden Leinölfirniss (Auflösung von 1 Th. Plumb. oxydat. in 25 Th. kochenden Leinöls, dem in der Wärme 10% Salicylsäure zugesetzt werden), darüber kommt eine Wattelage. Auch Jodoform, Extract. Conii in Salben finden Anwendung.

Heinecke [1]) sah guten Erfolg von der Behandlung mit lauwarmem Fliederthee, Mulvany [2]) sogar von der mit Petroleum (?).

§. 79. Man hat auch versucht, durch Ueberstreichen der verbrannten Theile mit Substanzen, die schnell erstarrten oder dünne Schorfe bildeten und liegen bleiben konnten, eine Heilung unter dem Schorfe zu erzielen. Dahin sind zu rechnen das Bestreichen mit Magnesia-Silicat, das Bepinseln mit Collodium oder Collodium ricinatum, mit einer starken Höllensteinlösung, die Einwickelung und Compression mittelst genau angelegter Streifen von Emplastrum Cerussac. Ja, man hat selbst die Annäherung der Verbrannten an's Feuer empfohlen, um dadurch eine luftdichte Kruste an der Oberfläche zu bilden. Auch gummirter Taffetas und über diesen eine Schicht Theer ist als Verband in Anwendung gekommen. — Bei Verbrennungen verschiedener Grade an ein und derselben Extremität wurde die Behandlung mit Arg. nitr. in Lösung viel geübt, unter anderen z. B. auch in der Hebra'schen Klinik (1873). Man verwendet dazu eine Lösung von etwa (0,5):30,0, bepinselt damit zunächst die verbrannte Stelle, legt darauf 6—8fache Lagen dünner Leinwand und erhält diese fortwährend durch Betupfen mit einem in dieselbe Lösung getauchten Pinsel feucht; an den Stellen, an denen nur Erythem oder Blasen bestand, bildet sich meist ohne erheblichen Schmerz ein bräunlich-schwarzer Epidermisschorf; die Cutisschorfe lösen sich in gewöhnlicher Weise. Grosse Vortheile haben wir von dieser Methode, die umständlich und zeitraubend ist, nicht gesehen. Auch Skey [3]) empfahl in neuerer Zeit eine ganz ähnliche Lösung. —

§. 80. Wir selber haben nun bei den in Rede stehenden Formen von Verbrennungen folgendes Verfahren meist in Anwendung gezogen. Nachdem die in Blasen abgehobene Epidermis von allen Unreinlichkeiten auf das Sorgfältigste gesäubert worden ist, die Blasen entweder unberührt gelassen oder durch Aufstechen, resp. Durchziehen eines wollenen Fadens entleert wurden, werden die betreffenden Brandflächen mit Leinwandstücken, welche in eine Mischung von Ol. lini und Aqua calcis aā (sogenannte Stahl'sche Brandsalbe) getaucht sind, bedeckt. Oder man nimmt Ol. olivar. 1 Th. auf 2 Theile Cera flava und setzt auf 30 Theile Salbe 3—6 Theile Salicylsäure zu und lässt die Salbe messerrückendick auf Leinwand streichen und auflegen (wie z. B. Maas [nach mündlicher Mittheilung] es macht). Diese Mischung ist dem Kranken sehr angenehm, wirkt kühlend und schmerzstillend. Darüber werden Wattetafeln gelegt und durch Binden befestigt. Dieser

---

[1]) Zeitschrift für Chir. und Geb. 3. 1868.
[2]) Brit. med. Journ. 1869.
[3]) Lancet Sept. 1870.

erste Verband kann meist 24—48 Stunden liegen bleiben und wird dann in ganz gleicher Weise erneuert. Wird die Eiterung sehr bedeutend, so thut man gut, die Patienten im warmen Bad von ihrem Verbande zu befreien, da auf solche Weise die Schmerzen weit geringer sind. Auch wegen des starken Eitergeruchs, der oft das Krankenzimmer verpestet, sind dergleichen Vorsichtsmassregeln erwünscht. Grade bei sehr starker Eiterung empfiehlt es sich von Zeit zu Zeit, da wo es die Lage der Theile gestattet, eine continuirliche Irrigation der Wunden einzurichten, wodurch die Reinhaltung der blossgelegten Wundflächen sehr erleichtert wird, der Gestank verschwindet und die Schmerzhaftigkeit nachlässt. Ist die Ausführung aus irgend welchen Gründen nicht möglich, so eignen sich in diesem Stadium Campherpräparate (2—4,0 Camph. trit. auf 50,0 Glycer.) oder Zink- und Bleipräparate, später sind Höllensteinsalben und Bepinselungen mit dünnen Höllensteinlösungen am Platze. Bilden sich bei oberflächlichen Verbrennungen des Gesichts Krusten, so entstehen sehr leicht durch die Bewegungen der Gesichtsmuskeln kleine Einrisse in denselben, welche bluten und sehr schmerzhaft sind. Hier muss man die Haut am besten mit Fett einreiben, nicht mit Glycerin, da dieses zu schnell trocknet und daher nicht grossen Nutzen bringt.

In neuerer Zeit haben wir mit grossem Vortheil Vaselinsalbe (Vaseline Cold Cream) bei Verbrennungen geringerer Grade in Anwendung gebracht und können wir diese Salbe sehr empfehlen. Die Heilung erfolgt schnell bei verhältnissmässig geringer Eiterung. Nur werden die Granulationen dabei oft etwas trocken.

§. 81. Vor Allem ist aber auch hier die Lister'sche Behandlung ausgezeichnet. Schon Perrie[1]) 1867 und Lange[2]) 1869 haben mit gutem Erfolg die Carbolsäure bei Verbrennungen angewandt. Lister selber veröffentlichte 1871 darüber einen Artikel[3]). Das Verfahren, das Lister in jüngster Zeit übt und das wir im Wesentlichen mit geringen Modificationen gebrauchen, ist kurz Folgendes:

Nachdem die ganze Umgebung der verletzten Stelle sorgfältig mit 2—5% Carbollösung abgewaschen ist und man den Brandherd selbst eine Zeit lang noch unter 2% Carbolspray gesetzt hat, bedeckt man die verbrannten Stellen mit in Carbolöl getauchten Lint und darüber breitet man mehrere Schichten antiseptischer Gaze aus, welche letztere nach Durchtränkung mit Sekret gewechselt werden, während der Lint bis zur völligen Heilung liegen bleiben kann. Doch wird man auch den Lint öfters zu wechseln haben. — Bei dieser Behandlung, besonders, wenn sehr ausgedehnte Flächen einer derartigen Behandlung unterworfen werden, treten leicht Symptome von Carbolintoxication als gastrische Störungen, Carbolurin u. s. w. auf. Wenngleich wir auch in dem Natr. sulf. ein treffliches Gegenmittel[4]) haben, so wird man doch fortwährend mit der beginnenden Carbolintoxication zu kämpfen haben, und es ziehen daher manche Chirurgen die auch früher

---

[1]) Lancet No. 19. 1867.
[2]) Amer. Journ. of the Med. Sc. October 1869.
[3]) Edinburgh Med. Journ. Aug. 1871.
[4]) Vgl. Sonnenburg, Zur Diagnose und Therapie der Carbolintoxicationen. Deutsche Zeitschr. f. Chir. Bd. IX. S. 356 u. Centralblatt f. Chir. 1878. No. 45 u. 47.

von Lister geübte Behandlung mit Borlint und Carbolgaze der einfachen Carbolgazebehandlung vor. Zu dem Zwecke legt man auf die gut desinficirte Wundfläche Borlint, der in eine 4% Borsäurelösung getaucht ist; nun kann man darüber noch Carbolgaze oder Salicylwatte legen oder man bedeckt den Borlint sogleich mit Guttaperchapapier und erneuert den Verband täglich. Nach 3—4 Tagen kann man dann zum sogenannten trocknen Borverband übergehen, bestehend aus mit Borsäure befeuchtetem Silk protective und Borlint, das Ganze befestigt mit Binden aus antiseptischer Gaze. Der Verband kann längere Zeit liegen bleiben und wird erst dann gewechselt, wenn Sekret bis zur Oberfläche durchdringt.

II. Behandlung der sehr ausgedehnten, sowie auch der sehr tief gehenden Verbrennungen.

§. 82. Hier gilt es vor Allem die im Anfange vorhandenen bedrohlichen Allgemeinerscheinungen zu bekämpfen. Die einzig richtige Art und Weise der Bekämpfung kann uns nunmehr nicht mehr zweifelhaft sein, da wir auf experimentellem Wege gezeigt haben, dass die Lebensgefahr unmittelbar nach der Verletzung zurückzuführen ist auf eine allgemeine auf reflectorischem Wege zu Stande gekommene Herabsetzung des Gefässtonus (vgl. Cap. IV). Freilich müssen wir uns auch gleich von vorneherein sagen, dass wir ziemlich machtlos diesen Verhältnissen gegenüber stehen. — Später, wenn die erste Gefahr vorüber ist, werden wir, sowohl um etwaige Thrombosen und Embolien oder Entzündungen innerer Organe, endlich um eine zum Marasmus führende erschöpfende Eiterung so viel als möglich zu verhüten, eine Behandlungsart wählen, von der wir eine möglichst rasche Heilung, mit geringer oder minimer Eiterung erwarten dürfen und durch die wir jede Art von Zersetzung resp. Infection von der Wundfläche fern zu halten im Stande sind. Auch hier wiederum ist die Lister'sche Behandlung vollständig an ihrem Ort und ich bin der Ansicht, dass wo dieselbe durchgeführt werden kann, sie einen ziemlichen Schutz gegen das Auftreten der in Cap. IV. aufgeführten verderblichen Complicationen bieten kann.

§. 83. Um die gefahrbringenden Zufälle, die unmittelbar nach ausgedehnten Verbrennungen auftreten, zu bekämpfen, werden uns aus leicht ersichtlichen Gründen kaum andere Mittel als die Excitantien zu Gebote stehen. Die Patienten gleich in ein mehr oder weniger warmes Vollbad zu bringen, halten wir nicht allein für nutzlos, sondern geradezu für **schädlich**. Denn durch ein derartiges Vollbad kann die Erschlaffung der Gefässe, besonders der Gefässe der Haut, eventuell noch gesteigert, dadurch aber der an und für sich schon bedenkliche Zustand der Patienten nur noch verschlimmert werden. Derartige Patienten sind daher in's Bett zu bringen, warm zuzudecken und innerlich denselben Alcoholica, Grog, Rum, vin chaud und andere Excitantien einzuflössen. Auch Champagner empfiehlt sich. Subcutan injicire man Campher oder Moschus und wiederhole diese Injectionen mehrere Male. Erwähnen will ich, dass noch ein anderes Hülfsmittel uns in einem derartigen, allerdings sehr trostlosen Falle gute, wenn auch leider nur vorübergehende Dienste geleistet hat. Es betraf der Fall die auf Seite 25 erwähnte Patientin Jost, deren Krankengeschichte und Sectionsprotokoll ich in Kürze mitgetheilt habe. Als am Nachmittage des folgenden Tages ein starker Collapszustand eintrat, Nase und Wangen sich kühl anfühlten, die Athmung etwas stertorös, der Puls selbst in der Cruralis äusserst schwach war, dagegen das Herz sich offenbar noch sehr kräftig contrahirte, so suchten wir aus den paralytischen Gefässen das Blut dem Herzen wieder zuzuführen. Zu dem Zwecke machten wir an den, von der Verbrennung bis auf geringe Stellen verschont gebliebenen, unteren Extremitäten die sogenannte „Autotransfusion", d. h. wir wickelten dieselben mit Hülfe elastischer Binden, die wir nicht zu fest anzogen, von den Zehen nach der Hüfte zu ein. Der Erfolg war ein ganz evidenter. Patientin bis dahin ganz apathisch, wurde reger, öffnete die Augen und klagte über Schmerzen, die Körpertemperatur (in der Axilla) stieg um einige Zehntel, die Athmung wurde wieder normal, kurz — es trat eine entschiedene Besserung auf. Doch war der Erfolg nur vorübergehend. Nach Abnahme der Binden, die wegen der Schmerzen, welche sie verursachten, bald entfernt werden mussten, traten die bedenklichen Symptome wiederum von Neuem auf. Doch ist damit nicht gesagt, dass man vielleicht in einem anderen Falle in derartigen Einwickelungen neben der Darreichung von Excitantien ein wichtiges Hülfsmittel findet, die gefährlichen Collapserscheinungen überwinden zu helfen.

§. 84. Sind die Patienten sehr unruhig, wälzen sie sich hin und her, so darf man dreist Morphium subcutan in kleinen Dosen injiciren. Auch gaben wir Chloral innerlich, zogen meist aber das Morphium vor.

Früher galt bei ausgedehnten Verbrennungen der Aderlass für das beste Anodynum, der ausserdem auch noch zur Bekämpfung und Verhütung der Congestionen innerer Organe gemacht wurde.

Wir können nicht dringend genug vor der Anwendung des Aderlasses sowohl in dieser wie auch in späteren Perioden nach Verbrennung warnen. Nach den oben auseinander gesetzten Theorien, die auf experimentellem Wege erhärtet sind, kann eine derartige Blutentziehung zur Besserung des Zustandes des Patienten gar Nichts beitragen, im Gegentheil denselben nur verschlimmern. Dasselbe gilt von dem von Bozot und Cloquet gemachten Vorschlag, eine grosse Menge von Blutegeln in der Umgebung der verbrannten Flächen anzusetzen. Diese können weder im Anfange noch später von irgend welchem Nutzen sein, sondern den Patienten nur schwächen.

§. 85. Sind die gefahrbringenden Zustände glücklich überwunden, so kann man entweder jetzt zum Gebrauch der Vollbäder schreiten oder die Wundflächen mit einem Lister'schen Verbande bedecken. Beide Methoden haben ihre Vortheile bei der Behandlung ausgedehnter Verbrennungen und in manchen Fällen wird man sich z. B. durch den Sitz der Brandwunden zu dem einen oder andern Verfahren entschliessen. Betrifft die Verbrennung mehr die Extremitäten, die zum Anlegen dicht anschliessender Verbände günstigere Verhältnisse darbieten, so wird man dieselben aseptisch behandeln. Haben dagegen die Brandwunden ihren Sitz am Rumpfe, besonders in der Gegend des Beckens u. dgl., so wird das Anlegen der Verbände grosse Schwierigkeiten haben und oft auch kaum nach aseptischen Vorschriften durchzuführen sein. Für diese Fälle eignet sich grade die Anwendung des continuirlichen Wasserbades.

§. 86. Es ist ein Verdienst Hebra's, mit einem alt hergebrachten Vorurtheile, nämlich der angeblichen Schädlichkeit langen Verweilens im Bade, gebrochen und so ein Verfahren in die Praxis eingeführt zu haben, das in einer ganzen Reihe von Fällen vorzügliche Dienste leistet. Er zeigte, dass Menschen ohne irgend welche Gefährdung ihrer Gesundheit bis zu 270 Tagen ununterbrochen Tag und Nacht sich im warmem Wasser aufhalten könnten und zwar ohne dass Puls, Respiration und Temperatur irgend eine merkliche Aenderung erlitten. Nur die Secretion des Urins war bedeutend herabgesetzt. Auch während der Menstruation braucht keine Unterbrechung in der Behandlung stattzufinden.

Nach einem neueren Berichte von Hans Hebra waren bereits 127 Fälle von Verbrennungen im continuirlichen Bade behandelt worden. Davon starben allerdings 71, aber es waren sehr schwere Fälle, sehr ausgedehnte oder mit vollkommener Verschorfung einhergehende Fälle, von denen eine grosse Anzahl gleich in den ersten Tagen starb. Hebra rühmt die schmerzstillende Wirkung der Bäder, es tritt bei den Patienten eine Empfindung von relativem Wohlbehagen ein. Weiter erfolgt bei der beständigen Maceration die Abstossung der verschorften Gewebsparthien rascher und die abgestossenen Fetzen bleiben nicht auf den Flächen liegen, zu neuen Erkrankungen und Infectionen Veranlassung gebend, sondern werden gleich abgespült. Der dem Patienten stets viel Schmerzen verursachende Verbandwechsel fällt vollständig weg, und auch die nach der Verletzung sich bildenden Narben sind glatter und weicher als nach anderen Behandlungsarten.

§. 87. Allerdings ist es wünschenswerth, um diese Behandlungsart durchzuführen, einen eignen Apparat in Anwendung zu ziehen. Zu dem Zwecke dient folgender Apparat in der Hebra'schen Klinik: Er besteht aus einer grossen viereckigen Wanne, die sich in einem grossen Kasten befindet. Am Kopf- und Fussende des Kastens befinden sich horizontale Wellen mit Ketten, welche letztere einen in die Wanne passenden eisernen Rahmen tragen. An demselben ist an seinem oberen Drittheile ein pultförmiger in einem Gelenke beweglicher kleiner Rahmen befestigt, der als Kopftheil dient. Der Kranke wird auf wollene Decken und Leintuch gebettet und mittelst an den Wellen angebrachter Kurbeln in's Wasser gelassen. Die Temperatur des Wassers wird ganz nach dem Wunsche des Patienten moderirt.

Wir haben selber mehrfach die Methode erprobt und waren recht zufrieden mit derselben. Auch können wir die Angaben Hebra's über die Wirkung des continuirlichen Bades nur bestätigen. Statt eines besonderen Apparates, der, wie ich mich selber habe überzeugen können, in der That vorzügliche Dienste leistet, bedienten wir uns einer einfachen Badewanne, auf deren Boden wollene Decken ausgebreitet waren. Der Kopf wurde durch Kissen unterstützt. Zum Hineinlassen und Herausholen des Patienten kann derselbe bequem auf ein Betttuch gelagert werden, mit dem er zusammen in die Wanne gelassen wird und dessen Enden über den Rand der Wanne geschlagen werden (s. auch Hebra l. c.). Das Wasser muss etwa alle 6 Stunden gewechselt werden, selbstverständlich aber auch wohl oft in kürzeren Zwischenräumen, wenn die Eiterung oder sonstige Absonderungen sehr reichlich sein sollten. Einige Patienten verlangten nach sehr heissem Bade (38° und mehr), besonders im Anfange, später kann man bis 30° C. die Temperatur erniedrigen. Für gute Ventilation des Zimmers muss stets Sorge getragen werden. — Wysler[1]) sah gute Erfolge von Oelbädern, besonders bei Kindern, die ausgedehnte Verbrennungen erlitten hatten. Nachahmung scheint dieses Verfahren bisher nicht viel gefunden zu haben.

In wie weit die Behandlungsweise mit dem permanenten Bade das Auftreten bestimmter Complicationen z. B. Entzündung innerer Organe u. dgl. zu gleicher Zeit verhüten kann, das wissen wir nicht. Wir sahen trotz des continuirlichen Bades in einem Falle Nephritis entstehen. Es ist dies der auf S. 45 erwähnte Fall. Hier waren, mit kurzen Unterbrechungen continuirliche Bäder in Anwendung gekommen.

§. 88. Die Erfahrung wird es lehren, ob vielleicht die streng durchgeführte Lister'sche Methode (mit den oben erwähnten Modificationen) die im Verlaufe der Verbrennungen auftretenden Gefahren abzuwenden im Stande ist. Jedenfalls hat diese Methode auf verschiedene Verhältnisse während des Verlaufs der Verbrennungen einen eminent günstigen Einfluss. Selbstverständlich hat der Verband nach geschehener Verletzung keinen Einfluss auf den direkt durch den hohen Hitzegrad angerichteten Schaden und die damit verbundenen bedrohlichen Erscheinungen. Aber gerade bei der Abstossung der Schorfe machen sich die Vortheile der Lister'schen Methode gegenüber den anderen Verfahren sehr bemerkbar. Denn während sonst bei der Abstossung der durch die Hitze ertödteten Theile die lebenden Gewebe im heftigsten Reizzustand sich befinden, die Demarcationslinie immer breiter und tiefer wird, die Eiterung sehr profus und der dadurch bedingte Säfteverlust sehr bedeutend ist, so gestaltet sich der Verlauf bei den mit dem Lister'schen Verbande behandelten Brandwunden ganz anders. Die Abstossung der nekrotischen Theile geht langsam und allmählig von Statten. Das ganze Bindegewebe, welches die Loslösung bewirkt und zu gleicher Zeit den Substanzverlust zu decken hat, zeigt keine Tendenz zu hypertrophischer Entwickelung, sondern bleibt in mässigen Grenzen. In Folge dessen ist die Eiterbildung auf ein sehr geringes Maass beschränkt und dem Auftreten des jungen Bindegewebes folgt fast unmittelbar von den Rändern der intact gebliebenen Theile aus die Ueberhäutung. Dadurch entstehen statt der gewulsteten hypertrophischen Narben fast glatte, dehnbare, elastische Narbenflächen, welche zu Contracturen und Entstellungen, wie sie sonst nach Verbrennungen aufzutreten pflegten, durchaus nicht Veranlassung geben.

---

[1]) Arch. für klin. Chir. VI, p. 774. 1865.

Unterstützen kann man die Ueberhäutung grosser Flächen sehr wesentlich durch Transplantionen nach Reverdin. Auch hierdurch kann man auf die Beschaffenheit der Narben wesentlich einwirken.

§. 89. Sollten trotz der Lister'schen Behandlung hie und da die Granulationsflächen stark wuchern, oder sähe man sich in diesem oder jenem Falle genöthigt, nach Abstossung der nekrotischen Theile den Lister'schen Verband aus irgend einem Grunde mit einem gewöhnlichen zu vertauschen, so empfiehlt es sich, die Granulationsflächen mit einer schwachen Höllensteinlösung (nicht mit dem Stift) von Zeit zu Zeit zu bestreichen. Auch dadurch erzielt man glatte, zum Theil auch elastische Narben.

§. 90. In denjenigen Fällen, in denen die Verbrennung an solchen Stellen vorkommt, wo bei eintretender Heilung eine Verwachsung zu befürchten steht, wird speciell wiederum die Lister'sche Methode diesen Verwachsungen sehr zweckmässig vorbeugen, denn diese treten um so leichter auf, wenn die Granulationen sehr üppig wuchern. Ausserdem kann man durch Zwischenlegen von Taffetas wirksam diesem Uebelstande entgegenwirken. Auch Transplantationen kleiner Hautstücke leisten gute Dienste.

Hebra empfiehlt für solche Fälle, also z. B. an den Uebergangsfalten von Finger und Zehen, an den Beugeseiten der Gelenke, entweder den Lapisstift zu benutzen oder einer Höllensteinlösung (aa) sich zu bedienen. Plumasseaux in diese getaucht werden auf die blossgelegten Hautstellen applicirt. Es entsteht dadurch ein schwarzer Schorf, der jedes Mal, wenn er von seiner Unterlage gelöst wird, durch einen neuen ersetzt werden muss. Dieses Verfahren wird so lange fortgesetzt, bis der zuletzt gebildete Schorf so fest auf der Unterlage sitzt, dass er nur mit grosser Mühe abgezogen werden kann.

§. 91. Sind die Granulationsflächen bis auf schmale Streifen geheilt, so wird die definitive Heilung wohl am schnellsten durch gleichmässige Compression mit Heftpflasterstreifen erfolgen. Die etwa auftretenden Entzündungen innerer Organe sind nach den gewöhnlichen Principien zu behandeln. Gegen die Durchfälle sind Pillen aus Opium und schwefelsaurem Zink, auch Ipecacuanha empfohlen worden. Bei Darmblutungen gebe man Liquor ferr. sesquichlorat. (5—6 Tropfen auf einen Esslöffel voll Wasser stündlich).

§. 92. Man gab früher den Rath, durch frühzeitiges Anlegen geeigneter Verbände, ja ganzer, eigens zu dem Zwecke verfertigter Apparate den durch die Narbenzusammenziehung entstehenden Deformitäten wirksam entgegenzutreten. Wenn man aber bedenkt, dass diese Narbencontracturen erst spät, im Verlauf von Monaten zu Stande kommen, so würden durch das lange Liegenbleiben von Schienen und anderen Apparaten neue Nachtheile entstehen, welche die immerhin doch fraglichen Vortheile noch mehr in den Hintergrund drängen würden. Mehr lässt sich wohl durch methodisch angewandte passive Bewegungen erreichen, wo dieselben überhaupt auszuführen sind. Am besten jedenfalls ist es, gleich von vornherein eine Wundbehandlung zu wählen, von der man am ehesten das Entstehen glatter Narben erwarten dürfte (s. oben).

§. 93. Was die

III. Behandlung der übrigen Formen der Verbrennung

anbetrifft, so ist darüber nur noch Weniges hinzuzufügen. Bei der Verbrennung durch Pulverexplosion wird neben der Escharabildung das Eindringen von Pulverkörnern in die Cutis in mehr oder weniger ausgedehnter Weise stattfinden. Bei Pulververbrennungen des Auges soll man die in die Cornea und Conjunctiva eingesprengten Pulverkörner so früh wie möglich entfernen. Je früher um so leichter sind dieselben zu entfernen. — Pulverkörner heilen ein und bedingen manchmal eine ziemlich hochgradige Entstellung (besonders im Gesicht). Man bekommt häufig derartige Fälle zur Behandlung und hat grosse Mühe, diese Pulverkörner wieder zu entfernen. Das Ausgraben der einzelnen Körner mit Hülfe einer Stecknadel oder ähnlicher Instrumente stellt die Geduld des Patienten und Arztes auf eine zu harte Probe, zumal dieses Ausgraben durchaus nicht leicht ist wegen des Festsitzens der einzelnen Körnchen. Empfehlenswerther ist es, durch Excisionen der betreffenden Hautstellen die Entstellung zu beseitigen, selbst auf die Gefahr hin, dass später Keloide in den Narben entstehen. Sitzen die Pulverkörner mehr oberflächlich, dann gelingt es wohl in einzelnen Fällen durch Bestreichen der Haut mit leicht ätzenden Stoffen und durch Hervorrufen einer oberflächlichen Eiterung eine Elimination der einzelnen Körner zu bewirken. Busch[1]) empfiehlt zu dem Zwecke Ueberschläge mit Sublimatlösung zu machen. Manchmal gelingt es auch durch Stichelung der Haut, die man vielleicht des Oefteren wiederholt, eine Besserung des Zustandes herbeizuführen.

§. 94. Was die Verbrennungen durch ätzende Säuren und Alkalien anbetrifft, so wäre bei Verbrennungen mit Schwefelsäure die etwa noch vorhandene Säure möglichst schnell und vollständig zu neutralisiren, am leichtesten vielleicht mit Kreide, Asche, Seife und Magnesia oder auch mit Milch, Substanzen, welche überall leicht zu beschaffen sind. Dabei aber wird man gutthun, die etwa noch vorhandene Säure durch grosse Mengen von Wasser zu verdünnen und abzuspülen. Die weitere Behandlung ist dann ganz so wie bei den übrigen Verbrennungen zu leiten. Dasselbe Verfahren wäre bei den weniger oft zur Beobachtung kommenden Verbrennungen mit Salpetersäure und Scheidewasser anzuwenden. Bei der Verbrennung durch alkalische Substanzen müsste man zur schleunigen Neutralisation Säuren (Essig) anwenden. Sonst erfordert die Behandlung in diesen Fällen nichts Besonderes.

---

[1]) Virch. Arch. XIV.

IV. Die durch die Verbrennung oder deren Folgen bedingten operativen Eingriffe.

§. 95. Ist eine Extremität theilweise oder ganz verkohlt, so muss dieselbe amputirt werden, und zwar am besten sofort nach der Verletzung sobald der Kranke vom ersten Shok sich erholt hat. Hält man es in bestimmten Fällen für gerathener, um zu entscheiden, wie viel man von der Extremität noch erhalten kann, die Demarcation abzuwarten, so empfiehlt es sich die verbrannten und einen Theil der angrenzenden gesunden Theile mit einem Lister'schen Verbande zu bedecken, um auf solche Weise heftige Reactionen, profuse Eiterung und Jauchung möglichst fernzuhalten. Die Amputation kann ferner in Fällen indicirt erscheinen, in denen nach Losstossung der Brandschorfe eine grosse Gelenkhöhle eröffnet wird. Doch wird auch hier eventuell die Resection, vielleicht sogar in manchen Fällen die antiseptische Drainage des Gelenks zu versuchen sein. Eine gleichzeitig bestehende Verbrennung anderer Theile des Körpers wird die Prognose für operative Eingriffe ungünstiger machen, kann aber nicht als Contraindication aufgefasst werden. Nur wird man in solchen Fällen gutthun, ein Operationsverfahren zu wählen, das zu möglichst rascher Heilung führt und die Wunde vereinfacht. — Droht bei tiefgehenden Brandschorfen Gangrän der Extremität, durch Druck des Schorfes auf Gefässe, so versäume man nicht, Entspannungsschnitte zu machen. —

§. 96. Bei Verbrühung des Rachens, Kehlkopfs u. s. w. durch Dampf geht zwar meist dieselbe nicht über den oberen Theil des Larynx und Schlundkopfes hinaus. Es entstehen aber nach zwei bis drei Stunden sehr drohende Erstickungsanfälle, die schleunige Hülfe durch Eröffnung der Luftwege verlangen. Oft ist aber auch die Tracheotomie erfolglos, indem durch Schwellung und Congestion der Schleimhaut bis in die feineren Bronchen die Respiration durch die Operation nicht geändert wird. So hatte Thiessen[1]) in derartigen Fällen keinen Erfolg. Viele, besonders die Engländer, geben bei derartigen Verbrühungen und den bald auftretenden Complicationen innerlich nach Bevan's Empfehlung Calomel (0,06 stündlich für Kinder) und rühmen es sehr.

§. 97. In Fällen, in denen die Vernarbung nicht gehörig geleitet wurde, kann es nach Verbrennung leicht zum Verschluss von Oeffnungen, z. B. der Nasenlöcher, des Mundes, Gehörgangs, Afters u. s. w. kommen, ferner können benachbarte Theile miteinander verwachsen oder durch Narbenstränge gegeneinander fixirt werden, z. B. Oberarm an den Thorax (siehe Fig. 4). Die dadurch veranlassten Functionsstörungen geben zu mannigfachen operativen Eingriffen Veranlassung. Nur selten wird man durch subcutane Discision oder Excision von Narbensträngen dehnbare Hautnarben erzielen. In den meisten Fällen muss man durch Einpflanzen von Hautlappen oder nach Umschneidung der Narbe durch Heranziehen der Nachbarhaut den neuen Defect zu decken

---

[1]) Journal für Kinderheilkunde. XLVIII. Febr. 1867.

suchen. Einige derartige Beispiele mögen hier zur Illustration erwähnt werden. Selbstverständlich können derartige Operationen erst nach ganz vollendeter Narbencontraction, etwa nach ein bis zwei Jahren oder noch später vorgenommen werden.

Zur Vermeidung der Wiederverwachsung bediente sich Lister (und vor ihm schon Andere) nach einfacher Durchschneidung des verbindenden Gewebes eines einfachen Zuges auf die Wundwinkel mittelst fingerdicker Drainröhren. Ebenso legte Newmann[1]) bei aseptischer Behandlung der Brandwunden Kautschukschläuche in die Gelenkfalten, welche durch ihren Druck an jener Stelle die Granulationen zurückhielten.

In dem Falle von Salzer[2]) hatte sich eine Art Schwimmhaut gebildet, die von den Wurzeln der Zehen bis etwa 8 Ctm. über das Sprunggelenk hinaufging und den Fuss in die Stellung eines Pes calcaneo-valgus verzogen hatte. Durch Ablösen eines grossen dreieckigen Lappens, dessen Spitze auf dem Unterschenkel, dessen Basis auf dem Fusse lag und Verschiebung der Lappenspitze nach abwärts wurde trotz intercurrenten Erysipels und trotzdem ein Stück des Lappens sich brandig abstiess, ein sehr gutes Resultat unter Anwendung von Extension erzielt.

Wood[3]) berichtet über eine bedeutende Deformität des Daumens in Folge von Contractur einer Verbrennungsnarbe, eine Deformität, die durch eine plastische Operation (Bildung eines zungenförmigen Lappens von der äusseren Seite des Handrückens, dessen Spitze nahe an der Volarseite der Wurzel des Zeigefingers, dessen breite und dicke Basis sich am Handgelenk befand), mit Erfolg behandelt wurde.

Jones[4]) durchschnitt bei einem zweijährigen Kinde, bei dem nach einer Verbrennung Verkrümmung des kleinen Fingers und Dorsalflexion des Daumens sich eingestellt hatten, die Sehnen der Extens. poll. long. et brev. Der Daumen wurde auf eine Schiene gelagert und Hautstücke erfolgreich auf die Rückenseite des Daumens transplantirt. Der flectirte kleine Finger liess sich direkt strecken und wurde auf einer Schiene fixirt. Resultat: vollständige Functionsfähigkeit.

Quinlan[5]) operirte eine Verwachsung zwischen Thorax und Arm wie folgt. Er durchschnitt zuerst die dünne Narbe, die vom Condyl. int. bis zur Axilla sich erstreckte, mittelst einer elastischen Ligatur. Dann legte er durch die Achselhöhlen um die Schulter einen Kautschukring und liess nun die beiden Wundflächen des Thorax und des Oberarms sich überhäuten. Erst nach vollendeter Ueberhäutung wurde der Kautschukring entfernt. Gutes Resultat.

In dem Falle von Buck[6]) handelte es sich um eine breite Narbe, die vom unteren Rande des Kinns in direkter Linie zum oberen Rande des Sternums und der Clavicula verlief. Kinn und Sternum waren einander dicht genähert. Buck theilte die ganze Narbe in 3 aneinanderliegende Dreiecke, deren mittleres mit der Spitze nach oben, die anderen mit

---

[1]) The med. Press. and Circular. Aug. 1875.
[2]) Oestr. med. Jahrb. Heft 3. 1866.
[3]) The Lancet 1865.
[4]) Lancet 1877. Vol. I, p. 570.
[5]) The med. Press and Circular. Febr. 1875.
[6]) Amer. Journ. CXXV. 1872.

der Spitze nach unten sahen. Sie wurden durch zwei divergirende Schnitte von der Mitte oben bis zu beiden Seitenrändern hergestellt, an diese Schnitte schlossen sich von den Endpunkten ausgehende und am Rande der Narbensubstanz geführte Schnitte an. Die Schnitte wurden bis in das gesunde Gewebe geführt und sorgfältig die Narbensubstanz vom unterliegenden Gewebe gelöst. Die Bewegungen des Kopfes waren jetzt frei, die losgelösten Lappen wurden bei aufrechtem Kopfe auf der neuen Unterlage durch Suturen fixirt. Während der Nachbehandlung wurde der Kopf in einem Gradhalter fixirt. Gutes Resultat.

§. 98. Endlich führen wir aus der hiesigen Klinik einen Fall an, den Herr Professor Lücke mit Erfolg operirte.

Dieser Fall betraf einen etwa zehnjährigen Knaben D., der vor einer Reihe von Jahren eine ausgedehnte Verbrennung der Arme und des Thorax erlitten hatte, eine Verbrennung, welche zu ausgedehnten Verwachsungen der Arme mit dem Thorax und zu ausgebreiteter Narbenbildung, besonders am Thorax, Veranlassung gegeben hatte. (Siehe Fig. 4.)

Fig. 4.

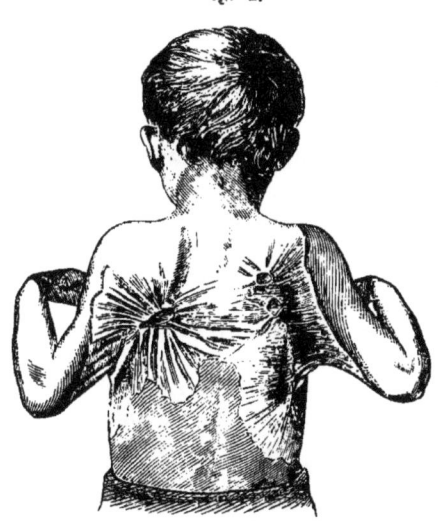

Nur eine sehr geringe passive Beweglichkeit war zwischen Thorax und Humerus möglich, wobei sich die nicht sehr dicken Narbenstränge flügelartig spannten.

Es handelte sich darum, vermittelst einer Operation die Beweglichkeit des Armes wieder herzustellen. Da man aus mannigfacher Erfahrung weiss, dass das einfache Durchschneiden der Narbenstränge niemals von irgendwie nennenswerthem Erfolge begleitet ist, so blieb in diesem Falle nichts anderes übrig, als durch halbmondförmige Schnitte das gesammte Narbengewebe vom Thorax seitlich zu trennen und abzulösen, und zwar so weit, bis der Arm hoch ohne grosse Mühe erhoben werden konnte. Selbstverständlich entstand an den Seiten des Thorax, entsprechend den unteren Rippen, ein grosser Defekt, der nur zum geringeren Theile von den Seiten her durch Heranziehen der Nachbarhaut gedeckt werden konnte. Die übrige Wundfläche musste durch Granulationsgewebe heilen. Um den durch die Operation errungenen Vortheil zu sichern, wurden frühzeitig Dehnungen der sich bildenden jungen Narbe vorgenommen, überhaupt während der ganzen Dauer der Heilung, die langsam, aber doch stetig fortschreitend erfolgte, die Arme in Elevation gehalten. Zu dem Zwecke wurde im Bette eine Extension an beiden Armen so angelegt, dass durch Heftpflasterstreifen, die ihre Angriffspunkte am Vorderarme hatten, und durch daran befestigte Stricke, die über am Kopfende des Bettes befindliche Rollen liefen, ein permanenter Gewichtszug angebracht wurde. Die Granulationsflächen zu beiden Seiten des Thorax wurden behufs Erzielung einer weichen Narbe mit zahlreichen transplantirten Hautstückchen bedeckt, die eine rasche und günstige Vernarbung herbeiführten. Das Endresultat war in der That sehr befriedigend, da der Knabe beide Arme hoch zu heben (wenn auch nur langsam) und ziemlich frei zu bewegen im Stande war.

Anhang zu den Verbrennungen.

I. Die durch den Blitz verursachten Verbrennungen.

§. 99. Die Wirkung des Blitzes ist eine erschütternde, zerreissende, eine brennende. Bald tritt die eine, bald die andere dieser Wirkungen mehr in den Vordergrund. Letztere interessirt uns vorwiegend.

Nach Richardson[1]), der auf experimentellem Wege mit Hülfe eines kolossalen Inductionsapparats, der unter Anwendung von 48 Bunsen'schen Elementen Funken von 29 Zoll Länge gab, die Wirkungen des Blitzes festzustellen suchte, wirken Schläge, welche nicht den Tod verursachen, vorzugsweise auf die Centren der willkürlichen Bewegungen, die tödtlichen indessen auf die Centren der unwillkürlichen Bewegungen der Respiration und Circulation. In vielen Fällen ist der direkt vom Blitz Getroffene sofort todt, vielleicht in Folge der erschütternden Wirkung des kolossalen, elektrischen Schlages auf das Hirn. — Andere nehmen an, dass eine Expansion der Blutgase durch elektrische Entladungsschläge die Hauptursache des Todes sei (?). — Die Section der durch den Blitz Getödteten ergibt ausser den äusseren Verletzungen nichts Besonderes. Manchmal sind direkte Zerreissungen der Adern und Blutleiter (z. B. am Gehirn), wobei der Tod augenblicklich erfolgte, beobachtet, in anderen Fällen ist ein hoher Grad von Blutzersetzung constatirt worden. Frühere Angaben über Flüssigbleiben des Bluts, Ausbleiben der Todtenstarre, über schnelle Fäulniss derartiger Leichen sind unrichtig. — Arago erzählt, dass wenn eine Reihe von Menschen oder Thieren getroffen würde, der Erste und

---

[1]) Med. Tim. and Gaz. Mai—Sept. 1869.

Letzte der Reihe am meisten gefährdet seien. In Knonau in der Schweiz soll am 22. Aug. 1808 der Blitz in ein Haus eingeschlagen sein, in welchem 5 Kinder lesend neben einander auf einer Bank sassen; das erste und letzte dieser Reihe wurde durch den Blitzschlag getödtet, während die übrigen 3, die mittleren, mit einer leichten Contusion davonkamen (Billroth).

§. 100. Der menschliche Körper leitet an seiner Oberfläche schon an und für sich als Halbleiter in toto besser, als in der Masse, die Leitungsfähigkeit der Haut wird aber erheblich noch durch die Feuchtigkeit derselben gehoben. Nur ein kleiner Theil der Elektricität verbreitet sich von der Haut in den Körper, verliert aber bei seiner Verbreitung in demselben so sehr an Dichtigkeit, dass durch ihn keine mechanische Veränderung hervorgerufen wird. Auf der Haut hinterlässt der Blitz sehr verschiedene Spuren, und zwar von einfacher Vertrocknung der Epidermis bis zu den schwersten Verbrennungen. Der Verlauf des Blitzes kann ein sehr verschiedenartiger sein, keine Stelle des Körpers ist besonders bevorzugt. Der Verlauf ist beeinflusst durch die grössere oder geringere Leitungsfähigkeit der einzelnen Hautstellen (deren Ursachen noch dunkel sind) und durch die zufällige Stellung des vom Blitz Getroffenen. Denn bei gleicher Güte der Leitung schlägt der Blitz immer den kürzesten Weg ein. An den Stellen, an denen die Kleidung eng den Körper umschliesst, wird jedenfalls die Leitung erschwert.

§. 101. Die Wirkung des Blitzes auf die Haut kann durch die Nähe von Metallen, welche bis zum Schmelzen erhitzt werden, noch bedeutend gesteigert werden, indem in solchen Fällen eine tiefe Verbrennung der betreffenden Hautstelle stattfindet. Was die Wirkungen des Blitzes auf die Nerven anbetrifft, so hat man vorübergehende Betäubung, Lähmungen, Sehstörungen, Schlingbeschwerden, Retentio urinae, Sistiren der eben fliessenden Menstruation beobachtet. Oft hat der Zustand am meisten Aehnlichkeit mit dem durch Commotio cerebri hervorgerufenen. Manche Autoren bezeichnen den Zustand einfach als Shok. Saemisch[1]) fand bei einem vom Blitz getroffenen Mädchen nach 3stündiger Bewusstlosigkeit Sehstörung des rechten Auges. Ophthalmoskopisch war nur Röthung der Papille nachzuweisen. Nach Blutentziehungen und Aufenthalt in einem dunklen Zimmer besserte sich der Zustand schnell.

§. 102. Anmerkung. In früheren Zeiten hat man eine Reihe der wunderbarsten Wirkungen des Blitzes auf den menschlichen Organismus berichtet, Erzählungen, die ebenso unzuverlässig wie unglaubwürdig sind. Dahin gehören die Fälle, in denen die vom Blitz Getroffenen in eine Art von Katalepsie verfallen und selbst nach dem Tode noch in derselben Stellung verharren. Selbst in neuerer Zeit hat z. B. Sycyanko[2]) einen Fall veröffentlicht von einem 12jährigen Knaben, der Ankylose des rechten Kniegelenks hatte und dem während eines Rittes durch einen Blitzstrahl der Unterschenkel dicht unter dem ankylosirten Gelenk glatt amputirt sein soll. Der Knabe zeigte ausser oberflächlichen Verschorfungen keine Verletzungen. Blutverlust fand nicht statt u. s. w. — Ebenso sind die dem Blitz zugeschriebenen

---

[1]) Monatsblatt für Augenheilkunde. Jan., Febr. 1869.
[2]) Berl. klin. Wochenschr. 21. 1868.

caustisch-photographischen Wirkungen in das Reich der Fabeln zu verweisen. Dahin gehören die manchmal zur Beobachtung kommenden baumförmigen (dendritischen) Blitzspuren und die eigentlichen angeblichen Photographien durch den Blitz. Die in seltenen Fällen vorkommenden höchst unregelmässigen stern- oder baumförmigen Figuren, welche man früher für identisch mit den Lichtenbergischen Figuren erklären wollte, hat man wohl nur als Spuren einer leichten Versengung der Oberhaut in Folge der Ausbreitung des immer schwächer werdenden Blitzes und der daraus resultirenden Abschuppung der Epidermis zu betrachten (Stricker). Man glaubte früher, dass diese Zeichnungen gewissen Hautvenen oder Hautnerven entsprächen, indess beides ist nicht der Fall, wie Rindfleisch gezeigt hat. — Die angebliche Abbildung von Gegenständen auf die menschliche Haut durch den Blitz ist ein Rest von Aberglauben.

§. 103. Eigenthümlich in ihrer Art sind die durch den Verlauf des Blitzes entstehenden sogenannten Blitzfiguren, von denen ich einige Illustrationen (nach Stricker) nebst den nöthigen Notizen hier anfüge. Letztere sind dem Bericht des Geh. Rath Mayer (Theden's Schwiegersohn) entnommen [1]).

Am 25. Juni 1785 schlug der Blitz in die Gubener Thorwache zu Frankfurt a./O. und traf 4 auf der Bank vor der Wache sitzende Soldaten, unter denen Lüdecke und Schulze (Fig 5 und 6) die interessantesten sind.

Fig. 5. Am Nacken des Lüdecke war das Haar verbrannt und die Haut in Blasen erhoben; von dieser Stelle ging ein starker rother, mit Ausstrahlungen versehener, von ausgetretenem Blute gebildeter Streif nach der Länge des Rückgrats herab, bis er sich in der Kreuzgegend links zuerst herabkrümmte und dann rechts wiederum etwas hinaufstieg. Aus diesem Streif entstanden mehrere, schwächere Seitenstreifen und der stärkste unter ihnen, welcher zur rechten Seite herablief, endete an drei Orten: 1) vorn über der rechten Schulter, 2) an der rechten Brust, 3) an der rechten Hüfte in noch feinere, strahlige Aeste. Ferner lief noch ein besonderer ähnlicher, mit Blut unterlaufener feiner Streifen von der Mitte der rechten Wade des Lüdecke bis zur Ferse herab, und auf der Mitte der linken Wade dieses Mannes hatte sich auch noch ein mit Blut unterlaufener einzelner strahliger Stern gebildet. Dem Wadenstreif des Lüdecke entsprechend waren auch seine Strümpfe versengt.

Fig. 6. Bei dem Unterofficier Schulze fand man oben und vorwärts am linken Oberschenkel eine von unterlaufenem Blute gebildete sonnenartige Gestalt. Sie hatte einen kleinen länglich runden Mittelpunkt, von dessen Umfang nach allen Richtungen viele strahlige Streifen fortliefen, welche wiederum mit vielen kleineren Seitenstrahlen versehen waren. Ferner ging auch noch am rechten Unterschenkel des Schulze ein ähnlicher, zackiger und allenthalben seitwärts strahliger Streif herab und dementsprechend war der Strumpf versengt.

Aus diesen eigenthümlichen Zeichnungen ist es noch möglich, die Stellung der beiden Soldaten im Augenblicke, als sie der Blitz traf, zu ermitteln. Lüdecke sass mit parallel ausgestreckten Beinen, desshalb blieben die Schenkel von Verletzungen frei, Schulze dagegen

---

[1]) Theden, neue Bemerkungen und Erfahrungen zur Wundarzneikunst und Arzneigelehrtheit. III. Th. Berlin 1795. S. 166.

hatte den rechten Schenkel über den linken gelegt, und die dadurch gehinderte Leitung erzeugte die umfängliche Verbrennung des linken Oberschenkels. Die Absprungstelle bei Schultze war der innere Knöchel des linken Fusses.

Dieser genauen Schilderung brauchen wir wohl kaum über die Verbrennungen der Haut, die durch den Blitz erzeugt werden, noch

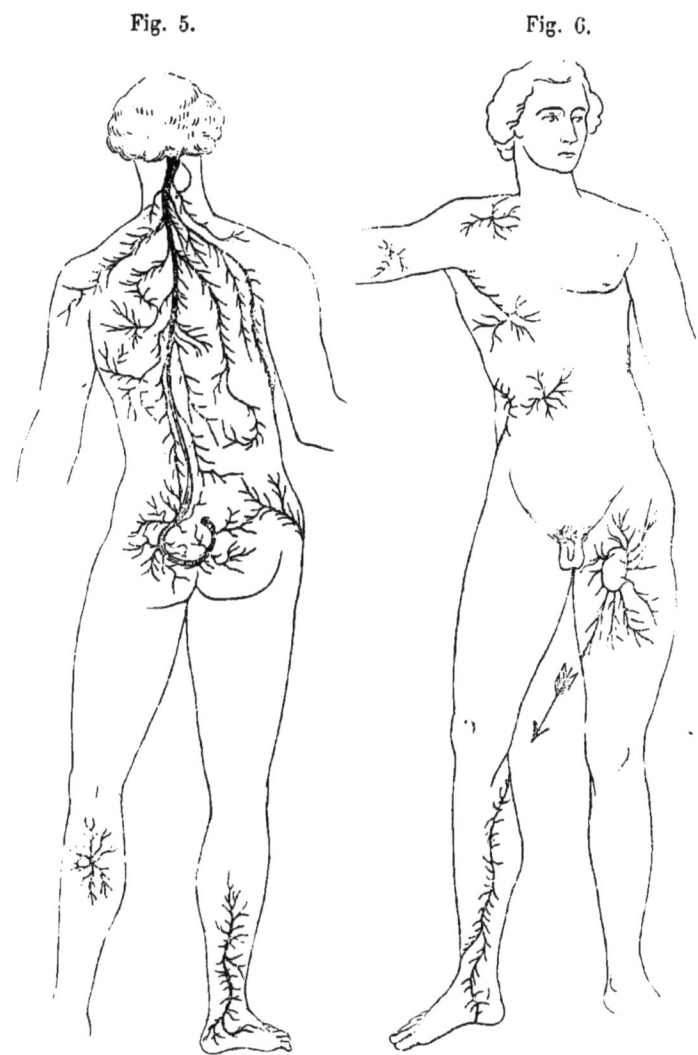

Fig. 5. Fig. 6.

Bemerkungen hinzuzufügen. Immer wird man finden, dass da, wo der Blitz auf den Körper überspringt, er eine heftige Verbrennung mit Extravasaten u. s. w. verursacht. Von dort läuft ein mehr weniger breiter Bandstreifen abwärts und überall, wo durch eng anliegende Kleidungsstücke die Leitung erschwert ist, wiederholen sich umfangreiche und tiefe Verbrennungen.

§. 104. Zur Charakterisirung der allgemeinen Symptome bei den vom Blitze getroffenen Individuen seien hier noch zwei von Servaes[1]) geschilderte Fälle angeführt:

Der erste Fall betraf ein 13jähriges Mädchen, das während eines heftigen Gewitters an einem nicht ganz geschlossenen Fenster sass. Der Blitz fuhr dicht vor dem Kinde in die Strasse. Sofort heftiger Schmerz in der dem Fenster zugewandten Schulter. Beim Versuch vom Fenster zu entfliehen, stürzte Patientin nach wenigen Schritten nieder. Es bestand grosse Blässe, anfänglich vollkommene Paraplegie, Gefühl von Eingeschlafensein in allen Extremitäten, Kältegefühl im ganzen Körper. Sämmtliche Erscheinungen schwanden im Verlauf von 24 Stunden.

In dem zweiten Falle wurde ein Maurer vom Blitz im Nacken getroffen. Am ganzen Rücken war ein ca. 2—3 Ctm. breiter, rother Streifen zu sehen, der von da über das rechte Bein bis zur Mitte der Wade verlief. Es folgte nach dem Schlage Bewusstlosigkeit, die etwa eine halbe Stunde währte, dann plötzliches Erwachen, heftige Unruhe, Klagen über unerträglichen Schmerz im Nacken und in beiden Schultern. Abwechselnd Starrkrämpfe, anfänglich von der Dauer mehrerer Minuten, später kürzer, Krämpfe, welche durch die leiseste Berührung der Haut am Nacken, Arm, Hals entstanden. — Langsamer Nachlass dieser Erscheinungen vom 3. Tage ab, nach 3 Wochen Genesung.

§. 105. Aus dem bisher Erwähnten ist ersichtlich, dass die häufigsten Folgezustände nach Blitzschlag ausser den Verbrennungen motorische Paralysen oder Paresen (häufiger der unteren als der oberen Extremitäten) sind. Es geben diese Paralysen keine schlechte Prognose, sie verschwinden meist (wenn auch erst nach Monaten) ganz vollständig. Durch die zerreissende und theils auch fortschleudernde Wirkung des Blitzes können Knochenbrüche, Zerreissungen der Haut, auch der Zunge, Ausreissung eines Armes zu Stande kommen, Complicationen, welche, wenn vorhanden, die Prognose selbstverständlich sehr verschlechtern.

§. 106. Was kurz noch die Statistik über die vom Blitz Getroffenen anbetrifft, so sind zum Beispiel in Preussen von 1854—57, nach amtlichen Erhebungen, 511 derartige Unglücksfälle vorgekommen. Im Mittel sind von sämmtlichen Getroffenen 72,25 getödtet, 27,75 verletzt worden. Die grösste Mehrzahl der betreffenden Individuen befand sich auf dem Felde bei der Arbeit, dort wurden getödtet 67,98 % Männer, 32 % Frauen; unter Bäumen befanden sich 71,91 % Männer, 28,09 % Frauen; in Gebäuden befanden sich 56,80 % Männer und 43,20 % Frauen. — Nach der Statistik von Boudin[2]) wurden von 1835—64 in Frankreich 2324 Menschen vom Blitz erschlagen. Die Vertheilung nach den Departements war sehr ungleichmässig, im Allgemeinen waren die bergigen Gegenden mehr als die ebenen betheiligt.

§. 107. Es ist a priori anzunehmen, dass Soldaten wegen der an Metall reichen Ausrüstung ganz besonders dem Blitzschlage aus-

---

[1]) Berl. klin. Wochenschrift. April 1878.
[2]) Mém. de méd. mil. und Gaz. méd. de Paris 1864.

gesetzt sein müssen. Gewundert hat es mich, dass im Marsch befindliche Truppenabtheilungen nicht öfters vom Blitze getroffen wurden. So ist mir aus dem Kriege 1870/71 kein derartiger Fall bekannt, trotzdem z. B. während des Monats August 1870, besonders in der zweiten Hälfte desselben, die Gewitter ungemein häufig waren, und derartige Gewitter während der forcirten Märsche, die wir damals machen mussten, sich oft über uns entluden. Berichte über Einschlagen des Blitzes in Lager (z. B. in das Lager von Châlons, von Satory u. A.) liegen vielfach vor. — Während des nordamerikanischen Krieges im Sommer 1864 schlug der Blitz in das auf einem Hügel gelagerte 18. Missouri-Regiment ein. Die sämmtliche Mannschaft wurde zu Boden geworfen, fast alle Pferde getödtet, man fand 18 Menschen todt und fast alle mehr weniger verletzt. Bei 2 Gewehr-Pyramiden entluden sich die Läufe und wurden noch mehrere Unglücksfälle dadurch verursacht.

§. 108. Gegen die beim Blitzschlag auftretenden, heftigen Allgemein-Erscheinungen sind Ruhe und Kälte, Abführmittel u. dgl. m. anzuwenden. Die Verbrennungen sind nach den weiter oben auseinandergesetzten Principien zu behandeln. Gegen die nach dem Blitzschlag oft zurückbleibenden Paralysen, wenn dieselben im Laufe der Zeit sich nicht vollständig wieder ausgleichen, kann die Anwendung der Electricität die Wiederherstellung der musculösen Function befördern.

Als Wiederbelebungsmittel sind künstliche Respiration und Venaesectio zu versuchen.

II. Sonnenstich und Hitzschlag.

§. 109. Mit der Bezeichnung Sonnenstich, Hitzschlag Hitzfieber (Insolatio, Sunstroke, Thermic fever, Coup de soleil), fasst man gewöhnlich eine Reihe von Krankheitsformen zusammen, die eigentlich durch verschiedene Ursachen hervorgerufen werden. Sonnenstich und Hitzschlag sind zwei scharf zu trennende Formen, indem ersterer eine Reihe von Krankheitserscheinungen darbietet, welche durch direkte Einwirkung der Sonnenstrahlen auf den menschlichen Körper entstehen, während letzterer eine Krankheit darstellt, die als Resultat mehrerer Faktoren, als hohe Temperatur, Muskelthätigkeit u. s. w. aufzufassen ist. Endlich unterscheidet Jacubasch [1]) noch eine andere Form des Hitzschlags, die er „Wärmeschlag" nennt, ausschliesslich den Tropen angehört und vorwiegend unter dem Einfluss extrem hoher Lufttemperaturen zu Stande kommt. — Im Anschlusse daran ist noch eine sehr selten vorkommende Art der Wärmeeinwirkung zu erwähnen, welche mit der Insolation ziemlich nahe verwandt ist, nämlich die strahlende Wärme in Eisengiessereien, Glasfabriken, Hochöfen u. dgl.

---

[1]) Deutsche mil.-ärztl. Zeitschr. 1873. S. 465. — Während der Correctur erhielt ich die neueste Monographie desselben Verf., betitelt: »Sonnenstich und Hitzschlag«, Berlin 1879, aus der ich noch einige ergänzende Mittheilungen habe anfügen können.

Die Individuen, welche längere Zeit derselben ausgesetzt sind, erkranken manchmal unter ähnlichen Symptomen, wie die des Sonnenstichs.

§. 110. Was die Symptome anbetrifft, so findet man in denjenigen Fällen, in denen die direkte Einwirkung der Sonnenstrahlen auf den ruhenden Körper stattgefunden hat, das Gesicht geröthet, die Augen mit Blut unterlaufen, die Haut heiss, den Puls beschleunigt, das Bewusstsein geschwunden. Manchmal tritt der Tod wenige Stunden nach dem Sonnenstiche ein, indem die betreffenden Individuen gar nicht wieder zum Bewusstsein kommen, manchmal erwachen die Patienten mit den heftigsten Kopfschmerzen und allen Erscheinungen hochgradiger Gehirn- und Rückenmarkshyperämie, und können dann noch nach Tagen und Wochen an Meningitis u. s. w. zu Grunde gehen, oft aber, besonders wenn die Einwirkung der Sonnenstrahlen auf den ruhenden Körper keine zu andauernde gewesen ist und energische Wärmeentziehungen gleich vorgenommen werden konnten, erholen sich die Patienten wieder und genesen vollständig. Erwähnen will ich, dass dem Sonnenstich ein kurzes Prodromalstadium manchmal vorangeht, charakterisirt durch Kopfschmerzen, Schwindel, Ohrensausen u. s. w. Meist treten aber die Erscheinungen sehr acut auf. — Die durch den Sonnenstich hervorgerufenen Veränderungen der Haut sind die schon bei den Verbrennungen (S. 9) erwähnten, das Erythema und Eczema solare, in tropischen Ländern kommen, wie Dupuytren[1]) erwähnt, tiefe und ausgedehnte Verbrennungen der Haut in Folge der Einwirkung der Sonnenstrahlen vor, die zu ausgedehnter Nekrose der Haut und des Unterhautzellgewebes führen können.

§. 111. Die Symptome des Hitzschlages sind gleichfalls charakteristisch, dennoch sind dieselben von den Autoren sehr verschieden angegeben worden, je nachdem diese das Stadium prodromorum oder depressionis mehr betonten.

Gemeinsam mit dem Sonnenstich und dem Wärmeschlag hat der Hitzschlag die enorme Steigerung der Körpertemperatur. Diese pflegt, in der Achselhöhle gemessen, 41—42° und darüber zu betragen. Parkes[2]) will sogar in einem Falle, der durch energische Wärmeentziehung glücklich verlief, eine Temperatur von 45° C. (?) gefunden haben. Ich glaube aber, dass derartige Temperatursteigerungen tödtlich wirken müssen.

Das Prodromal-Stadium, das auch sehr deutlich beim Wärmeschlag ausgebildet zu sein pflegt, thut sich kund durch hartnäckige Stuhlverstopfung, Appetitlosigkeit, Uebelkeit. Diese können einige Tage bestehen und noch weiter dazukommen allgemeines Gefühl von Schwäche und Beklemmungen. Es treten dann, besonders bei fortgesetzter Muskelthätigkeit bei schwülem heissem Wetter Unruhe, Schwindel, Kopfschmerz auf, es stellen sich auch Hallucinationen des Gesichts und Gehörs ein, die selbst bis zu grosser Angst und zu Lebensüberdruss sich steigern können. Der Hitzschlag selber tritt

---

[1]) Leçons orales IV. 506.
[2]) Chirurg. med. Journ. Oct. 1878.

dann aber plötzlich auf, die Befallenen sind absolut bewusstlos, die Haut, die vorhin noch mit reichlichem Schweiss bedeckt war, ist jetzt trocken und heiss. War das Gesicht stark geröthet, die Augen hervorgequollen, so ist es jetzt gedunsen, cyanotisch, die Herzthätigkeit ist stürmisch, die Athmung frequent und oberflächlich. Urin und Stuhl lässt der Patient oft unter sich gehen. Weiter treten dann allgemeine Krämpfe auf, die meist an den Gesichts- und Hals-Muskeln beginnen und rasch auf die Extremitäten weiter schreiten. Blutiger Schaum fliesst aus dem Munde. In einzelnen Fällen ist der Verlauf beim Hitzschlage (beim Wärmeschlag ist es fast die Regel) ein ungemein rapider, indem die Lähmungserscheinungen rasch zunehmen und Herzparalyse schliesslich den Tod bedingt, gewöhnlich aber erstreckt sich der Verlauf der Krankheit auf mehrere Tage. In leichteren Erkrankungen erholen sich die Patienten sehr schnell wieder, in schwereren Fällen, die aber schliesslich auch mit Genesung enden, bleibt längere Zeit unregelmässiger Puls, allgemeine Mattigkeit u. s. w. zurück.

§. 112. Bei der Entstehung des Hitzschlages spielen selbstverständlich eine ganze Reihe von Faktoren, wie wir oben schon andeuteten, mit. Denn ausser der Muskelanstrengung sind bei der Genese des Hitzschlages noch die unzweckmässige Kleidung, der Mangel an Wasserzufuhr, Missbrauch von Alcoholica, vorangegangene schwere Mahlzeiten zu berücksichtigen. Ferner gilt (für die Tropen) als prädisponirendes Moment Mangel der Acclimatisation. Während eines längeren Marsches an sehr heissen Tagen beobachtet man regelmässig, selbst bei gesunden Menschen, ein allmähliges Ansteigen der Körpertemperatur. Dieses Ansteigen ist bedingt durch die direkte Einwirkung der hohen Aussentemperatur und durch die Muskelthätigkeit. Der vermehrten Wärme-Einnahme kann nur eine vermehrte Wärme-Abgabe entsprechen und zwar durch Strahlung von der freien Körperoberfläche aus. Doch kann dieser mächtigste Wärmeregulator unter ungünstigen Verhältnissen nur eine beschränkte Thätigkeit entfalten. Diese Hindernisse liegen zum Theil in der unzweckmässigen Bekleidung (Waffenrock, schlecht ventilirte Kopfbedeckung), besonders aber auch in dem Verhalten der Atmosphäre, in dem Feuchtigkeitsgehalt derselben. Die Verdunstung des Schweisses kann aber auch noch auf andere Weise verringert werden und zwar durch gänzliches Versiegen der Schweisssecretion in Folge von allmähliger Eindickung des Blutes bei mangelnder Wasserzufuhr. Dadurch kann nun die Körpertemperatur eine gefahrdrohende Höhe erreichen (40° und darüber), die Anzeichen beginnender Herzparalyse und Kohlensäure-Intoxication zeigen sich, der Betreffende stürzt bewusstlos unter den Erscheinungen des Hitzschlages zusammen.

§. 113. In Hinsicht des Sectionsbefundes derjenigen Individuen, die in Folge von Sonnenstich oder Hitzschlag zu Grunde gingen, so ist das Wesentlichste die rasch eintretende Verwesung. Levick[1]) konnte bereits 10 Stunden nach dem Tode eine Section wegen hochgradiger Fäulniss nicht mehr vornehmen. Es hängt dieser

---

[1]) Pennsylvania hospital rep. I. 369. 1868.

rasche Fäulnissprocess mit der enorm gesteigerten Körperwärme und mit der nach Hitzschlag beobachteten postmortalen Temperaturerhöhung zusammen. Ausserdem findet man in den Leichen der dem Hitzschlag erlegenen Individuen starke Hyperämie der grösseren Hirnhautvenen, Oedem des Hirns, Lungenhyperämie, starke Dilatation und Füllung des rechten, hochgradige Starre des linken Ventrikels, Zeichen des Todes durch Herzparalyse. Muskeln erscheinen sehr trocken. In einzelnen Fällen, nach direkter Einwirkung der Sonnenstrahlen auf den entblössten Kopf sind Entzündungen des Gehirns und seiner Häute gefunden worden.

§. 114. Ueber die Einwirkung der Sonnenstrahlen und der hohen Temperatur der Luft sind von vielen Forschern Experimente angestellt worden. Die Versuche und Untersuchungen, von denen wir hier die von Walther[1]), Vallin[2]), Obernier[3]), Wood[4]) u. A. citiren, hatten im Wesentlichen übereinstimmende Resultate. Die Erscheinungen, unter denen die Thiere zu Grunde gingen, mochten nun direkt Sonnenstrahlen oder heisse Luft eingewirkt haben, waren stets dieselben und die unmittelbar nach dem Tode vorgenommenen Autopsien deuteten auf **Herzlähmung in Folge von Wärmestarre des linken Ventrikels.** Vallin und Wood (l. c.) stellten speciell Versuche über die Wirkung der Hitze auf die Central-Nervensysteme an, indem sie Kaninchen eine Gummiblase auf dem Kopfe befestigten und Wasser von 45,0—66° hindurchströmen liessen. Obernier's (l. c.) Versuche waren bestimmt 1) den Einfluss der Luftwärme auf den thierischen Organismus, 2) das Verhalten der menschlichen Körperwärme bei verschiedener Lufttemperatur, 3) den Einfluss der Körperbewegungen auf die Temperatur des Menschen zu ermitteln. Wie schon erwähnt, ergaben diese verschiedenen Versuche sowohl für den Sonnenstich als für den Hitzschlag dieselben Resultate, nur war die Deutung nicht immer dieselbe. So legte Smart den Schwerpunkt auf die durch den Wasserverlust bedingte Eindickung des Bluts, Obernier auf die Vermehrung des Harnstoffs im Blute (Urämie), erst Stiles, Walther, Vallin, Claude Bernard, Jacubasch wiesen bei Einwirkung abnorm hoher Wärmegrade auf den thierischen Körper auf die dadurch bedingte Wärmestarre des Herzmuskels hin.

§. 115. Dass durch hohe Hitzegrade Verfettung der parenchymatösen Organe eintreten kann, ist nach den Auseinandersetzungen von Litten[5]) unwahrscheinlich. Derselbe sagt: „Setzte ich Thiere sehr hohen Temperaturen aus, denen sie nach 2—6 Stunden erlagen, so gelang es, die Eigenwärme der Thiere auf 44 und 45°C. zu steigern. Trotzdem ich mich durch direkte Messung in der Vena cav. inf. davon überzeugte, dass die Leber dieselbe Temperatur angenommen hatte,

---

[1]) Bull. der Petersb. Acad. XI. 17. 1866.
[2]) Arch. gén. de méd. 1870—72.
[3]) Der Hitzschlag. Bonn 1867.
[4]) Thermic fever or sunstroke. Philadelphia 1872. Auch Jacubasch (l. c.) hat ähnliche Experimente angestellt.
[5]) Virch. Arch. 70.

fand ich post mortem keine Spur von trüber Schwellung, sondern durchaus intacte und wohlerhaltene Leberzellen." — L. hält es daher für gewagt, bei Leichen von Individuen, welche an Insolation zu Grunde gingen, einfach auf die mikroskopische Besichtigung hin eine trübe Schwellung oder gar Verfettung der parenchymatösen Organe zu diagnosticiren. Es ist kaum anzunehmen, dass speciell letztere innerhalb weniger Stunden selbst durch excessive Wärmegrade zu Stande kommen könnte und es dürfte die Frage wohl berechtigt sein, ob nicht in den Fällen, in denen eine Herzverfettung vorgefunden wurde, dieselbe schon vorher bestanden und den tödtlichen Ausgang unterstützt und beschleunigt habe (siehe §. 58).

§. 116. Die Diagnose des Hitzschlages dürfte nach obigen Erörterungen kaum Schwierigkeiten machen. Einfache Lungen- und Gehirnhyperämie, wie sie bei Märschen an heissen Tagen oft genug zur Beobachtung kommen, können zwar als Vorläufer des Hitzschlages angesehen werden, sind aber so lange unbedenklich, als die Körpertemperatur dabei nicht wesentlich steigt. Um letztere, z. B. auf Märschen, schnell zu beurtheilen, empfiehlt es sich, die Hautthätigkeit zu beachten, da eine Anwendung des Thermometers in solchen Fällen nicht immer möglich und das Abschätzen durch Auflegen der Hand meist unsicher ist. So lange die Haut schwitzt, ist die Temperatur nicht übermässig hoch, selten über $39{,}5^0$. Ist die Haut dagegen trocken und brennend heiss, so ist die Temperatur eine weit höhere, der Zustand als bedenklich anzusehen. Die übrigen, den Hitzschlag charakterisirenden Erscheinungen werden dann selten ausbleiben. Vor der Verwechselung des Hitzschlages mit Apoplexia cerebri wird die abnorm hohe Körpertemperatur, die Convulsionen, die Beschaffenheit des Pulses schützen, wenn auch der Hitzschlag die Bewusstlosigkeit, das Erbrechen, die enge Pupille mit der Apoplexie gemein hat.

§. 117. Die Prognose ist in den schweren, ausgebildeten Fällen von Hitzschlag sehr ungünstig (66 % †), in leichteren dagegen günstig. In schweren Fällen ist das Verhalten der Eigenwärme für die Prognose bestimmend. Doch bei energischer Wärmeentziehung kann auch mancher schwerer Fall günstig verlaufen. Bei niedrigeren Graden ist besonders das Verhalten des Pulses und der Respiration von grosser Wichtigkeit. (Ebenso auch das Verhalten der Pupille in Hinsicht auf deren Reaction.) Sobald diese sich bessern, beginnt die Genesung, die Harnsecretion kehrt wieder, die Haut wird feucht. Auch das Bewusstsein kehrt zurück. Es folgt dann allerdings ein Zustand grosser Mattigkeit, Abgeschlagenheit, Benommenheit des Kopfes, ein Zustand, der aber nach einigen Tagen Ruhe und nach Schlaf bald normalen Verhältnissen weicht. — Als Nachkrankheiten sind Schwäche des Gedächtnisses, überhaupt Schwächezustände aller Art, Kopfschmerzen, Schwindel, Ohrensausen, ferner, grosse Reizbarkeit des Herzmuskels, vorübergehende Geistesstörungen beobachtet worden. Ullmann sah die Entstehung einer Neurose des N. vagus nach Hitzschlag, Andere berichten über Neuralgien und wirkliche Lähmungen.

§. 118. Die Prophylaxis des Sonnenstichs und Hitzschlages ist einfach. Man sorge dafür, dass die umgebende Temperatur eine gewisse Höhe, 30—35° C. nicht überschreite. Das lässt sich in Maschinenräumen z. B. durch geeignete Ventilation wohl erreichen. Bei der Hitze im Freien suche man Alles zu vermeiden, was die Wärmeerzeugung noch vermehrt, also Muskelanstrengungen, und sorge von vornherein für gehörige Abkühlung (z. B. auch durch passende Getränke). Zahlreiche dahinzielende Vorschriften sind in Militärkreisen schon lange in Gebrauch, lassen sich nur nicht immer, z. B. während eines Krieges, befolgen. —

§. 119. Was endlich die **Therapie** des Sonnenstichs und Hitzschlages anbetrifft, so muss dieselbe dahin zielen, die hohe **Körpertemperatur herabzusetzen**, sodann die **drohende Herzparalyse** zu bekämpfen. In Bezug des ersten Punktes, so scheue man sich nicht mit Wärmeentziehungen sehr energisch vorzugehen. Ist genügend Wasser zur Hand, so begiesse man den entkleideten, an einen möglichst kühlen oder schattigen Ort gebrachten Kranken über den Kopf, Brust und Rücken mit Wasser, mache gleichsam längere Zeit hindurch eine permanente Irrigation. Ich habe selber im letzten Kriege ausgezeichnete Resultate dieser energischen Behandlung in Fällen von Hitzschlag gesehen. Das Bewusstsein kehrt zurück, und sind Convulsionen und Krämpfe vorhanden, so verschwinden diese auf solche Weise am schnellsten. Selbstverständlich ist ein kaltes Vollbad gleichfalls ausgezeichnet, doch meist nicht möglich, ein solches schnell dem Patienten zu verabreichen. Dasselbe gilt von dem Abreiben mit Eisstücken, ein Verfahren, von dem Einige gute Resultate sahen. Ist der Patient im Stande zu schlucken, so reiche man ihm kaltes Wasser zum Trinken und lasse ihn dann möglichst viel trinken. Englische Aerzte empfehlen sehr die Darreichung von Spirituosa. — Die Kälte hat ausserdem noch die gute Wirkung, dass der Athmungsprocess mächtig wieder angeregt wird. Andere Hautreize vermeide man. Mit Recht wird von den meisten Autoren vor dem **Aderlass** gewarnt, da meist sofort ein bedenklicher Collapszustand auftritt. Nur bei bestimmten Fällen von Sonnenstich wird noch eine locale Blutentziehung empfohlen.

Nützen die Wärmeentziehungen nichts und stellt sich Collaps ein, so mache man subcutane Injectionen. Dazu dürften sich am meisten wohl eignen Aether und Campher. O'Leary[1), Hall sahen gute Erfolge von subcutaner Injection schwefelsauren Chinins, Barnet[2)] von Atropin.

Die Reconvalescenz schreitet manchmal langsam vorwärts. Die betreffenden Patienten, selbst, wenn sie schnell genesen, müssen sich noch Wochen lang schonen. Etwaige Nachkrankheiten sind nach den herrschenden Regeln dann zu behandeln. Choffé[3)] hat in drei Fällen von Hirncongestion in Folge der Einwirkung der Sonnenhitze nach einer Gabe von 80 Centigr. Chin. hydrobromicum (allerdings nach vorheriger Anwendung von Blutegeln) Beseitigung der wüthenden Kopfschmerzen beobachtet.

[1)] Vgl. Berl. klin. Wochenschr. 1876. S. 281.
[2)] Amer. Journ. of med. sc. Jan. 1875.
[3)] Journ. de thér. III, p. 657. 1876.

Zum Schluss seien hier noch einige wenige Notizen, betreffend die **geographische Verbreitung** des Sonnenstichs und Hitzschlages und einige Daten aus der Geschichte des Hitzschlages angefügt. Letztere habe ich zum Theil der Monographie Obernier's (l. c. S. 3 ff.) entnommen und noch weitere Angaben aus der neuesten Zeit angereiht.

§. 120. In den gemässigten Zonen tritt der Sonnenstich verhältnissmässig selten auf, in den subtropischen Ländern überwiegt er im Allgemeinen, dagegen in den Tropen ist er wiederum selten, weil sich dort Niemand ohne die zwingendste Nothwendigkeit der Gefahr des Sonnenstichs auszusetzen pflegt. Der Hitzschlag kommt in den gemässigten Zonen (auch in den subtropischen Ländern) relativ häufig vor, weil bei seiner Entstehung ausser den Sonnenstrahlen noch andere Faktoren, als Muskelthätigkeit u. s. w. wichtig sind. Den Tropen eigen ist dann noch die dritte Form, der „Wärmeschlag", welcher auf die Einwirkung extrem hoher Lufttemperaturen zurückzuführen ist (Jacubasch).

§. 121. Schon die Kreuzfahrer scheinen viel Verluste durch Sonnenstich und Hitzschlag gehabt zu haben. Auf dem Marsche durch Bithynien und Phrygien im Juli 1099 gingen oft an einem Tage 500 Mann an Hitzschlag zu Grunde. — Mursinna erzählt, dass nach einem anstrengenden Marsche der Prinz-Heinrich-Armee (1778), wobei die Truppen von früh 7 Uhr bis Abends 7 Uhr in Colonnen bei glühender Hitze marschirt waren, die Offiziere und Mannschaften massenhaft in den Chauseegräben liegen geblieben seien. — Nach Larrey hatte die französische Armee 1799, bei ihrem Marsche durch die lybische Wüste, durch die heissen Wüstenwinde ausserordentlich viel vom Hitzschlag zu leiden. — Das Gardecorps manövrirte am 21. Mai 1827 bei sehr heisser Luft anstrengend zwischen Berlin und Potsdam. Die Soldaten, welche grundsätzlich vom Trinken abgehalten wurden, fielen in grosser Anzahl bewusstlos nieder, drei starben. — Eine förmliche Hitzschlagepidemie wurde 1847 und 1872 in Newyork beobachtet. Nach der Notiz in der Lancet (II. 12. Sept. 1872) erfolgte der erste Todesfall an Hitzschlag am 29. Juni und in den folgenden sieben Tagen starben je 7, 34, 68, 43, 44, 12 und 4 Personen. — In Folge eines forcirten Uebungsmarsches bei starker Hitze gingen 1848 vom 19. Inf.-Reg. 21 Mann zu Grunde. — Der indische Krieg forderte viele Opfer. Nach Simpson kam vom 5. Mai bis 15. Aug. 1858 89 Mal Hitzschlag vor, der 26 Mal tödtlichen Ausgang hatte. Barclay sah bei 1004 Mann 111 Fälle von Hitzschlag (39 % †). — Ganz enorm hoch beziffern sich die Erkrankungen und Todesfälle an Hitzschlag während des amerikanischen Secessionskrieges von 1861—64. Es ereigneten sich 7200 Erkrankungen mit 319 Todesfällen, was bei einer Effectivstärke von 2,604,180 Köpfen eine Sterblichkeitsziffer von 2,54 pro mille giebt. — Beim Uebergang über den Mincio (4. Juli 1859) kamen bei der ca. 12,000 Mann starken Division des Generals Antemarre nicht weniger als 2000 Fälle von Hitzschlag vor, von denen 26 starben (Guyon).

Wir begnügen uns mit diesen wenigen Daten, die leicht verdoppelt werden könnten, denn es geht kaum ein Sommer vorüber, ohne dass neue Berichte über Todesfälle, durch Hitzschlag verursacht, einlaufen. So starben in der preussischen Armee im Sommer 1868 30 Mann an Hitzschlag. Dieselben gehörten mit Ausnahme eines einzigen der Infanterie an, welche in Folge der grösseren Muskelanstrengungen und des geschlossenen Marschirens vorzugsweise von der Hitze zu leiden hat.

Als Beispiel des Wärmeschlages, nicht hervorgerufen durch Sonnenhitze, führe ich nach Swift an, dass in Newyork bei 11 Leuten in einer Waschküche, bei mehreren Anderen in einer Zuckerraffinerie der Hitzschlag erfolgte. — Ebenso erwähnt Reyburn Fälle von Hitzschlag bei Maschinenheizern und bei Bäckern. —

II.
Erfrierungen.

Cap. I.
Aetiologie der Erfrierungen.
Statistik.

§. 122. Während der Einfluss der Wärme sich in der verschiedensten Art zeigt, thut sich die Kälte meist nur durch ein Medium, die Luft, kund. Dann treten aber auch Wirkungen der Kälte auf durch Eintauchen und Verweilen in eiskaltem Wasser oder Wasser von sehr geringem Wärmegrade, ferner in Folge von Verschüttetwerden durch Schnee. Die Temperatur im losen Schnee beträgt — 10°, der schmelzende Schnee hat eine noch intensivere Kältewirkung. Die schädliche Wirkung des schmelzenden Schnees liegt in dem Umstande, dass bei dem Uebergang des Schnees aus dem festen in den flüssigen Zustand die Wärme aller mit demselben in Berührung kommender Gegenstände absorbirt wird. Der schmelzende Schnee ist ein guter Wärmeleiter, während der staubige es nicht ist, er dringt in das wasserdichteste Schuhwerk, entzieht dem Fuss alle Wärme und giebt so häufig Veranlassung zur Erfrierung der Füsse.

Zur Illustration der Dauer eines Aufenthalts im Schnee, ohne dass das Leben des betreffenden Individuums ernstlich bedroht wurde, führe ich folgenden Fall an. Prof. Zaboltsky[1]) führt in einer kleinen russischen Schrift den von Dr. Radzebor (im Journal der Reichsdomäne 1851, Nr. 10) veröffentlichten Bericht einer für diesen Fall ernannten Specialcommission an, laut welchem im Winter 1850/51 der kurskische Bauer Subkoff vom 27. Nov. bis zum 9. Dec., also 12 Tage, im Schnee lag und doch am Leben blieb. Am 27. Nov. genoss er noch zwei Weissbrode, hat dann aber in seinem Schlitten, über dem sich eine feste Schneekruste zum Gewölbe formte, nur mit Schnee seinen Hunger und Durst gestillt und meist geschlafen. Als er gefunden wurde, antwortete er sogleich und konnte bis zur nächsten Hütte geführt werden; das Gesicht war gelblich, der Körper sehr abgemagert und einige Zehen waren abgefroren, er genas aber vollkommen bis auf die Augen, bei denen nach zwei Monaten Sehstörungen auftraten.

§. 123. Bei der Einwirkung der Kälte erfolgt die Wirkung meist im Gegensatz zu den Verbrennungen in langsamer, allmähliger Weise. Neben der Dauer der Einwirkung der Kälte giebt es noch begünstigende Momente für die Entstehung der Erfrierungen, dahin gehören die Bodengestaltungen, die Klarheit der Luft (die Ausstrah-

---

[1]) Verbrennungen und Erfrierungen. Petersburg 1855.

lung der Wärme ist bei Nacht und klarem Himmel am stärksten), die Luftströmungen u. s. f. Die Steigerung der Kälte findet bei nördlichen und nordöstlichen Winden statt, dabei ist die Stärke des Windes und der Gehalt an Wasserdunst wichtig. Eine bewegte Luft macht niedrige Temperaturen geradezu unerträglich. Die Mannschaften von Ross konnten bei -41° C. noch im Freien arbeiten, dagegen konnten sie bei -29° C. bei einem leichten Winde nicht mehr ihr Fahrzeug verlassen. Auf Höhen verdoppeln sich die Wirkungen des Frostes. Ebenso gefährlich ist auch ein schneller Uebergang von höherer zu niedriger Temperatur. Während der Schlacht bei Eylau stieg die Temperatur von -19° C. auf $+6^{\circ}$ C., und erst da entstanden massenhafte Erfrierungen.

§. 124. Die Wirkung des Frostes auf den menschlichen Körper richtet sich nach der Constitution, dem Temperament, Alter, Ernährungszustand, Zustand der Ruhe und Bewegung (vgl. das Nähere im Cap. II). Die Energie der Lebensprocesse steigt und fällt mit der Temperatur der Organismen und bei der ausserordentlichen Verschiedenheit des Verhaltens der einzelnen Organismen Temperatureinflüssen gegenüber ist es schwer, allgemeine Grenzen und durchgreifende Gesetze herauszufinden, besonders in Bezug auf die obere und untere Temperaturgrenze des Lebens der Organismen. — Alles, was die Circulation verlangsamen und die Muskelaction herabsetzen kann, vermindert auch die Widerstandsfähigkeit gegen Kälte. Die Kleidung macht viel aus. Wasserdichte Zeuge sind gut beim Stehen, sobald aber Bewegung eintritt, entsteht leicht Schweiss, der dann beim Stehen sofort eisig wird. Enganliegende, die Circulation hemmende Kleidungsstücke (Schuhe, Stiefel u. s. w.) prädisponiren die betreffenden Theile, welche sie bedecken, für Erfrierungen. So erzählt der Arzt Bertrand von sich (Rückzug der Bourbaki'schen Armee 1870/71), dass sein linker Fuss, dessen Bekleidung **enger** wie die des rechten gewesen, erfroren sei.

§. 125. Die Einwirkung der Kälte auf die Haut hat ähnliche Folgen wie die Verbrennung, man kann daher, wie bei dieser, **verschiedene Grade der Erfrierung aufstellen, von denen der erste eine oberflächliche erythematöse Entzündung darstellt, der zweite durch Blasenbildung characterisirt ist und endlich beim dritten Grad Schorfbildung entsteht.** Man hat indess bei den Erfrierungen im Allgemeinen weit weniger Gewicht auf die Gradeintheilung gelegt, sie hat auch weniger praktisches Interesse, weil Erfrierungen im Vergleich zu Verbrennungen relativ selten vorkommen.

Es liegt in der Natur der Verhältnisse, unter denen Erfrierung zu Stande kommt, dass während einerseits die Erfrierungen ersten Grades wohl in gleicher Häufigkeit vorkommen, wie die entsprechenden Verbrennungen, dagegen die Erfrierung höheren Grades in der Regel kleinere Flächen betrifft, als die Verbrennung, dafür aber um so tiefer greifende Wirkungen äussert. Diese sind, was die Intensität anbelangt, oft nicht allein bedingt durch die Dauer und Energie der Kälteeinwirkung, sondern auch durch den Modus der Erwärmung. Bei der

Erfrierung handelt es sich in der Regel um längere Einwirkung an und für sich nicht extrem niedriger Temperaturgrade, bei den Verbrennungen sehr oft um extrem hohe Wärmegrade, die nur kurze Zeit auf grosse Flächen einwirken.

Callisen nimmt gleichfalls drei Grade an, Legouest dagegen fünf und zwar:
1) **Frostbeulen**;
2) **Blasenbildung** mit Blutaustritt, mit oder ohne nachfolgende Verschwärung;
3) **leichte Schorfbildung**;
4) **tiefere, gruppenweise auftretende Schorfbildung**;
5) **Tod (Gangrän) einer ganzen Extremität.**

Valette hat eine ähnliche Eintheilung.

§. 126. Fremmert und Luppian geben in dem beim Literaturverzeichniss angegebenen ausführlichen, mir in liberalster Weise zur Benutzung überlassenen Bericht aus dem Obuchow-Hospital zu St. Petersburg folgende Eintheilung:

Für den **ersten Grad** mehr oder minder andauernde Hautröthe, die während des Fingerdrucks schwindet, von Schwellung meist begleitet.

Zweiter Grad: Blasenbildung, Blosslegung des Rete Malpighii, ohne consecutive Gangrän verlaufende Fälle.

Dritter Grad: gangränöse Zerstörung des Stratum papillare, schmutzig, graubräunliche Schorf- oder Krustenbildung, oberflächliche Substanzverluste.

Vierter Grad: Gangrän aller Schichten der Haut und des subcutanen Gewebes.

Fünfter Grad: Brand eines Gliedes in seiner ganzen Dicke, Mortification aller Gewebe bis auf den Knochen.

§. 127. Was die Häufigkeit der Erfrierungen anbetrifft, so sind die bisherigen Angaben darüber wohl nicht ganz genügend. Wenn Krajewski behauptet, dass die Zahl der in Russland jährlich Erfrierenden sich auf ca. 700 belaufen soll, so ist diese Angabe doch wohl viel zu niedrig. Wie ungemein häufig Erfrierungen in Russland vorkommen, erhellt aus der beifolgenden Angabe, die ich einer brieflichen Mittheilung des Herrn Dr. Reyher verdanke. Nach Angabe des Generalstabsarzts der kaukasischen Armee, Dr. Brashnewsky, ereigneten sich im Jahre 1858 in Maikop, auf den Höhen des grossen Kaukasus, in diesem einen Ort allein 800 Erfrierungen. Brashnewsky hat im Laufe von 14 Tagen daselbst nicht weniger als 135 Amputationen des Fusses gemacht. An 30 Patienten wurden Doppelamputationen vorgenommen.

§. 128. Um wenigstens für eine Stadt, wie St. Petersburg, einige Notizen über die Häufigkeit der Erfrierungen zu geben, lasse ich hier einige Tabellen aus dem Bericht von Fremmert und Luppian folgen.

In dem Zeitraume von 1867—77 wurden im Obuchow-Hospital zu St. Petersburg fast 500 Fälle von Erfrierungen behandelt. Die Häufigkeit der in jedem Jahre beobachteten Erfrierungen war eine sehr verschiedene, sie blieb im Allgemeinen abhängig von der Strenge des betreffenden Winters.

Statistik der Erfrierungen.

Winter.	Zahl der aufgenommenen Erfrorenen			Mittlere Temperatur					Durchschnitts-Temperatur in allen 5 Monaten zusammen.	Durchschnitts-Temperatur in December, Januar, Februar zusammen.
	Männer.	Weiber.	Summa.	im November.	im December.	im Januar.	im Februar.	im März.		
1867/68	30	6	36	—4°,10 C.	—11°,28 C.	—12°,00 C.	—10°,21 C.	—1°,58 C.	—7°,83 C.	—11°,1 C.
1868/69	21	2	23	—4°,53 C.	—4°,76 C.	—10°,33 C.	—3°,61 C.	—1°,3 C.	—4°,92 C.	—6°,2 C.
1869/70	29	2	31	—0°,35 C.	—2°,67 C.	—5°,70 C.	—12°,9 C.	—4°,5 C.	—5°,24 C.	—7°,1 C.
1870/71	138	3	141	+0°,20 C.	—13°,37 C.	—10°,48 C.	—19°,4 C.	—0°,3 C.	—8°,69 C.	—14°,43 C.
1871/72	26	3	29	—2°,58 C.	—5°,03 C.	—4°,64 C.	—10°,14 C.	—4°,0 C.	—5°,29 C.	—6°,6 C.
1872/73	31	4	35	+0°,99 C.	—4°,76 C.	—5°,7 C.	—9°,8 C.	—4°,4 C.	—4°,9 C.	—6°,7 C.
1873/74	22	6	28	—2°,4 C.	—4°,6 C.	—2°,5 C.	—6°,1 C.	—4°,1 C.	—3°,9 C.	—4°,4 C.
1874/75	21	3	24	—0°,8 C.	—6°,6 C.	—14°,7 C.	—8°,2 C.	—7°,4 C.	—7°,5 C.	—9°,8 C.
1875/76	49	3	52	—4°,5 C.	—13°,0 C.	—9°,8 C.	—9°,1 C.	—0°,9 C.	—7°,4 C.	—10°,6 C.
1876/77	89	6	95	—3°,8 C.	—15°,8 C.	—10°,29 C.	—9°,4 C.	—7°,85 C.	—9°,43 C.	—11°,83 C.
	456	38	494							

Für das ganze Decennium ergiebt sich eine mittlere Temperatur von

—2,18° C. für den November.
—8,18° C. „ „ December.
—8,61° C. „ „ Januar.
—9,89° C. „ „ Februar.
—3,66° C. „ „ März.

Der Monat Februar war also der kälteste. — Die fünf kältesten Winter ($^{67}/_{68}$, $^{70}/_{71}$, $^{74}/_{75}$, $^{75}/_{76}$, $^{76}/_{77}$), welche die aus zehn Jahren gewonnene Durchschnittskälte übersteigen, weisen im Allgemeinen die meisten Erfrierungen (384) auf. Betrachtet man jeden Winter für sich, so steht freilich die Zahl der Erfrierungen selten in genauem Verhältniss zur durchschnittlichen Kälte, man findet dann aber die Erklärung dieser Erscheinung in plötzlichen Temperaturänderungen (unerwartetem Witterungswechsel, in dem zu frühen Eintreten des Frostes) in der grade zur Zeit der Feste (Weihnachten, Neujahr, Wasserweihe, Carneval) und während grosser öffentlicher Arbeiten oder Ereignissen herrschenden strengen Kälte, schliesslich in der Andauer heftiger Winde.

§. 129. In welchem Verhältnisse die hier angeführten Zahlen zu der Gesammtziffer der in Petersburg (Einwohnerzahl ca. 667,000) alljährlich vorkommenden Erfrierungen steht, kann man einigermassen aus den statistischen Untersuchungen der sanitären Verhältnisse Petersburgs von Hübner (Dissertation 1870) ersehen. Vom 1. Januar bis zum 31. December 1870 kamen allein im Obuchow-Hospital zur Aufnahme 75 Erfrierungen, während nach Hübner in allen 54 öffentlichen Heilanstalten Peterburgs zusammen 340 Personen mit Erfrierungen verpflegt wurden. Ausserhalb der Lazarethe und Hospitäler giebt es nach Hübner etwa die gleiche Anzahl Kranker, und würde sich also die Gesammtzahl der Erfrierungen in Petersburg auf etwa 700 für das Jahr 1870 belaufen. — In diesen 700 Fällen lagen selbstverständlich nur partielle Erfrierungen vor; allgemeine Erfrierung, Erfrierungstod kam in Petersburg nur dreimal im Jahr 1870 vor.

Je nach den Ständen fielen
etwa 4% aller Erfrierungen auf Edelleute.
„ 8% „ „ „ Unbekannte (Ausländer u. s. w.).
„ 11% „ „ „ verabschiedete Militärpersonen.
„ 30% „ „ „ Handelsleute.
„ 47% „ „ „ Angehörige des Bauernstandes.

Je nach dem Beruf fielen
etwa 2% aller Erfrierungen auf Gebildete (Beamte, Studenten u. s. w.).
„ 4% „ „ „ Strassenhändler.
„ 5% „ „ „ Fabrik-, Eisenbahn- u. Schiffsarbeiter.
„ 5% „ „ „ Holzsäger, Holzträger.
„ 5% „ „ „ Landleute.
„ 8% „ „ „ Berufslose.
„ 9% „ „ „ Fuhrleute und Kutscher.
„ 9% „ „ „ Hausknechte, Wächter, Diener, Postillone.
„ 21% „ „ „ Tagelöhner.

etwa 32% aller Erfrierungen auf Handwerker (Tischler und Zimmerleute 7% aller Erfrierungen, Schneider 6%, Schlosser 3½%, Schuster 3%, Maurer 3%).

§. 130. Was das Alter anbetrifft, so standen von 356 Erfrorenen

11	Individuen	im Alter	von	10—15	Jahren.
40	„	„	„	16—20	„
46	„	„	„	21—25	„
45	„	„	„	26—30	„
54	„	„	„	31—35	„
47	„	„	„	36—40	„
42	„	„	„	41—45	„
30	„	„	„	46—50	„
15	„	„	„	51—55	„
15	„	„	„	56—60	„
6	„	„	„	61—65	„
2	„	„	„	66—70	„
1	„	„	„	71—75	„
2	„	„	„	76—80	„

Der Eintritt in's Hospital fand häufig sehr spät statt, z. B. im Winter 18^{75}/$_{76}$ kamen von den 5 im November Erfrorenen nur 3 in demselben Monat zur Aufnahme, von den 36 im December Erfrorenen nur 27 in demselben Monat. Durchschnittlich fand der Eintritt am 16. Tage (Winter ^{75}/$_{76}$), resp. am 14. Tage statt (W. ^{76}/$_{77}$).

§. 131. Bei welcher Gelegenheit, unter welchen Umständen und ob in der Trunkenheit oder nüchtern die Erfrierung acquirirt wurde, darüber giebt die folgende Tabelle, welche einen Auszug aus drei Wintern hinsichtlich der Männer enthält, Aufschluss.

	Winter 18^{70}/$_{71}$.		Winter 18^{75}/$_{76}$.		Winter 18^{76}/$_{77}$.		Summe der 3 Winter.	
	Nüchtern.	Betrunken.	Nüchtern.	Betrunken.	Nüchtern.	Betrunken.	Nüchtern.	Betrunken.
A. Bei passivem Verhalten:								
Während einer Fahrt	13	3	5	1	15	1	33	5
Während des Schlafes im Freien und in ungeheizten Räumen	3	11	1	6	2	8	6	25
B. Bei aktivem Verhalten:								
1) Während einer Fussreise und bei weiteren Gängen durch die Stadt	12	2	3	2	7	1	22	5
2) Auf kurzen Gängen	6	5	—	—	—	—	6	5
3) Auf der Wache	5	—	—	—	—	—	5	—
4) Bei Möbel und Sachen Tragen .	3	—	3	1	3	—	9	1
5) Beim Wegfegen und Schaufeln des Schnees	5	—	4	1	4	—	13	1
6) Holzfällen, Holzsägen	3	1	3	1	5	—	11	2
	50	22	19	12	36	10	105	44

	Winter 1870/71.		Winter 1875/76.		Winter 1876/77.		Summe der 3 Winter.	
	Nüchtern	Betrunken	Nüchtern	Betrunken	Nüchtern	Betrunken	Nüchtern	Betrunken
Transport	50	22	19	12	36	10	105	44
7) Bei anderen Arbeiten im Freien und auf dem Eise	9	1	3	—	10	—	22	1
8) Bei zwecklosem Umhertreiben . .	10	24	3	8	1	18	14	50
9) Beim Hausiren	4	1	—	—	—	—	4	1
10) Aus dem Wasser gezogen, nass umhergegangen	—	2	1	—	4	1	5	3
C. Unbekannte Umstände . . .	15	—	3	—	9	—	27	—
	88	50	29	20	60	29	177	99
	138		49		89		276	

Fast 36% aller Erfrorenen waren also betrunken gewesen.

§. 132. Was die Bekleidung obiger 276 Patienten anbetrifft, so kann man annehmen mit Berücksichtigung der speciellen localen Verhältnisse, dass sich befanden:

	1870/71	1875/76	1876/77	Summa
1) In der landesüblichen Tracht der unteren Stände (Schafpelz, Fausthandschuhe, Filzstiefel)	68	20	35	123
2) In überhaupt ungenügender Bekleidung	32	6	21	59
3) Mit unbedeckten Händen	14	8	9	31
4) In dünner, event. zerrissener Fussbekleidung . .	22	14	19	55
5) In durchnässten Kleidern	2	1	5	8
	138	49	89	276

§. 133. Wie lange die resp. Individuen der Kälte ausgesetzt waren, lässt sich niemals genau ermitteln. Trotzdem dürften folgende Angaben, wenn auch nicht sehr vollständig, von Interesse sein:

	1870/71	1875/76	1876/77	Summa
Personen, die viele Tage ununterbrochen der Kältewirkung ausgesetzt blieben (fast zwei Wochen krank und allein in nassen Kleidern, bei Nachtfrösten, auf einem Floss gelegen), gab es	—	—	1	1
Personen, die 1—2 Tage in starkem Frostwetter verbrachten (1½ Tage den Ausgang aus einem Walde suchend)	—	—	1	1
Schläfer, die in unbeaufsichtigten Räumen (Neubau, Dachkammern) wahrscheinlich die ganze Nacht zubrachten	—	2	4	6
Schläfer, die von der Strasse aufgelesen wurden, Nachtfuhrleute, Hausknechte, überhaupt Personen, die wahrscheinlich nur einen Theil der Nacht in der Kälte zubrachten	14	5	16	35
	14	7	22	43

	1870/71	1875/76	1876/77	Summa
Transport	14	7	22	43
Holzfäller und Zimmerleute, Hausirer, kurz Personen, die wahrscheinlich **mehrere Stunden im Freien** waren	88	22	39	149
Schildwachen, die **1—2 Stunden** starker Kälte ausgesetzt waren	5	—	—	5
Personen, die kurzdauernde Beschäftigungen im Freien hatten oder kleinere Fahrten und Fusstouren machten und etwa **eine Stunde** der Kälte trotzten	14	14	15	43
Personen, die höchstens ½ **Stunde** grosser Kälte ausgesetzt waren (z. B. in durchnässten Kleidern)	2	2	4	8
Völlig Unbekannte gab es	15	4	9	28
	138	49	89	276

§. 134. Welche **peripheren Körpertheile** gewöhnlich erfrieren und welches Zahlenverhältniss die Häufigkeit der verschiedenen Congelationen ergiebt, ersieht man z. B. aus den nachstehenden 138 Fällen zweier Winter (75/76 und 77/78).

99mal betraf die Erfrierung die **unteren Extremitäten allein**.
29mal „ „ „ „ **oberen Extremitäten allein**.
6mal „ „ „ **alle vier Extremitäten**.
3mal „ „ „ **die Extremitäten u. andere Körpertheile**.
1mal „ „ „ **nicht die Extremitäten**.

138 Fälle.

Von den 99 ausschliesslich die **unteren Extremitäten** betreffenden Erfrierungen bezogen sich 76 auf die Zehen allein und zwar kamen Erfrierungen sämmtlicher Zehen 16mal vor. 19mal wurde nur 1 Zeh betroffen, und dann war es immer der Hallux. Unter den übrigen 23 Fällen der unteren Extremitäten fanden sich 7 vor, bei denen die Erfrierungen an der Planta pedis (Ferse, Zehenballen u. s. w.) und ebenfalls sieben, in denen sie gleichzeitig an der Planta und den Zehen stattgefunden hatten. Einmal wurde neben Erfrierung der grossen Zehe auch die des Fussrückens beobachtet. Die letzten 8 Fälle umfassen Erfrierungen, welche ausser den Zehen mindestens den ganzen Mittelfuss, dann einen oder beide Füsse bis an das Sprunggelenk und schliesslich die Beine bis hoch hinauf, sogar bis an die Kniee betroffen hatten.

Bei den 29 ausschliesslich die **oberen Extremitäten** betreffenden Erfrierungen hatten 23mal die Finger allein gelitten, 2mal war eine ganze Hand und 4mal waren beide Hände erfroren.

Die sechs gleichzeitigen Erfrierungen an den **Ober- und Unter-Extremitäten** betrafen 2mal nur Zehen und Finger, 1mal beide Hände und alle Zehen, 1mal beide Hände und einen Fuss, 2mal beide Hände und beide Füsse.

Von den drei Fällen, wo ausser Erfrierungen an den Extremitäten auch solche an **anderen Körpertheilen** wahrgenommen wurden, bezog sich einer auf die Nase und sechs Zehen, der zweite auf die Ohrmuschel und einen Finger, der letzte auf die Wangen, Nase, Ohren und beide Hände.

In dem einen Falle, wo die Extremitäten nicht betroffen waren, handelte es sich nicht um eine Erfrierung am Kopfe, sondern um eine am Präputium und der Eichel.

§. 135. Hinsichtlich der **Flächenausdehnung** ergiebt sich in 356 Fällen (Winter $^{67}/_{68}$, $^{68}/_{69}$, $^{69}/_{70}$, $^{70}/_{71}$, $^{75}/_{76}$, $^{76}/_{77}$).

In 55 Fällen betraf die Erfrierung nur einen Theil eines einzigen kleinen Gliedes oder war an einem grösseren Gliede höchstens im Umfange einiger Quadratzolle.
In 132 Fällen betraf die Erfrierung grössere Flächen, z. B. die kleinen Glieder (Zehen u. s. w.) vollständig.
In 113 Fällen hatte die Erfrierung noch bedeutendere Dimensionen, z. B. Zehen und Planta pedis zugleich an mehreren Stellen.
In 56 Fällen waren Erfrierungen mehrerer grosser Flächen.

Diese 356 Fälle vertheilten sich auf die **verschiedenen Grade** (vgl. w. o. §. 126) folgendermassen:

13mal kam der 1. Grad vor.
61mal „ „ 2. „ „
.89mal „ „ 3. „ „
59mal „ „ 4. „ „
134mal „ „ 5. „ „

Doch kam es auch oft vor, dass **verschiedene Grade** in ein und demselben Falle notirt wurden, während an einem Körpertheile ein höherer Grad der Erfrierung wahrgenommen wurde, bemerkte man an einem anderen Gliede einen niedrigeren. Meist ist es der 5. Grad, neben welchem Erfrierungen aller anderen Grade vorkommen.

Cap. II.

Wirkung der Kälte auf den menschlichen Organismus.

§. 136. Die Wirkung der Kälte auf die Oeconomie des menschlichen Körpers richtet sich, wie schon erwähnt, nach der Constitution, dem Temperament, dem Alter, Ernährungszustand, Zustand der Ruhe oder Bewegung. Niedere Kältegrade können schon sehr verderblichen Einfluss äussern, wenn die Widerstandsfähigkeit des Individuums eine geringe ist oder noch andere ursächliche Momente begünstigend einwirken. So werden bei sehr jungen oder alten Individuen oder bei solchen, die durch mangelhafte Ernährung, durch Krankheiten u. s. w. heruntergekommen sind, denen es unmöglich ist, sich durch warme Getränke, durch warme Bekleidung, durch Bewegungen gegen den schädlichen Einfluss der Kälte zu schützen, die Erfrierungen immer stärker sein, als bei gesunden, kräftigen Individuen. — Es ist an sich klar, dass die Wärmeentziehung so bedeutend sein kann, dass die Temperatur des Bluts bis zum Gefrierpunkt sinkt (wie bekannt, gefriert das Blut erst 3° unter Null). Dann hört natürlich das Leben auf. Das Sinken der Bluttemperatur ist aber abhängig von der Intensität der Wärmeproduction, diese wiederum ist abhängig von der Energie des Stoffwechsels und der Muskelbewegung. So lange der Mensch sich noch stark bewegt, kann er nicht erfrieren. Dann ist auch der Mensch im Stande, ausserordentlichen Kältegraden zu widerstehen (42—47 ° C.). Bei Muskelruhe dagegen wird die Erfrierung bald eintreten, denn da genügt der Stoffwechsel des ruhenden Körpers auf die Dauer nicht, die erkaltende Wirkung bedeutender Wärmeentziehung zu überwinden.

§. 137. Hinsichtlich der Widerstandsfähigkeit der einzelnen Racen sind zum Theil eigenthümliche Erfahrungen gemacht worden. So erzählt Larrey in seinen Memoiren (tom. IV, 1817): J'ai remarqué, que les sujets bruns et d'un tempérament bilioso-sanguin, presque tous des contrées méridionales de l'Europe resistaient plus, que les sujets blonds d'un tempérament lymphatique et presque tous du pays du nord, aux effets de ces froids rigoureux, ce qui est contraire à l'opinion généralement reçue. — Aehnlich äussert sich Michel Lévi (tom. I S. 327) über die Araber vor Sebastopol. Die Erfahrungen von 1870/71 haben diese Ansichten, so viel ich weiss und aus eigner Erfahrung behaupten kann, durchaus nicht bestätigt.

§. 138. Dass eine grössere Labilität der menschlichen Temperatur nach unten besteht, als gewöhnlich angenommen wird, so dass Temperatur-Erniedrigungen bis 34 ° C., ja bis 30 ° C. nicht zu den allergrössten Seltenheiten gehören, ist aus zahlreichen Beispielen bekannt. Dass sehr niedrige Temperaturen durchaus nicht an sich lebensgefährlich sind, wie es vielfach angenommen wird, ist gleichfalls sicher. Es sind Genesungen nach 24,6°, 24,7°, 26,7° und 26,8° C. selbst ohne sehr bedeutende Reactionserscheinungen beobachtet worden. Wir lassen hier einige derartige Beobachtungen folgen:

Peter[1]) berichtet von einer 38jährigen Frau, welche im Winter eine Nacht bewusstlos und trunken im Freien zugebracht hatte, dass dieselbe bei der Aufnahme in's Spital in der Vagina gemessen, eine Temperatur von 26 ° C. hatte. Nach 6 Stunden Normaltemperatur. Patientin genas.

Weiland[2]) fand bei drei der Kälte ausgesetzten Individuen Rectaltemperaturen von 28,4°, 26,6° und 30,4° C.

Bourneille[3]) beobachtete bei einem 45jährigen, der Kälte ausgesetzt gewesenen Manne eine Temperatur von 27° C. Tod nach 9 Stunden bei 36,2° C.

Bartels[4]) berichtet einen Fall, wo ein 56jähriger Gärtner, Potator, im Winter bewusstlos in seinem, in einer ungeheizten Stube stehenden Bette aufgefunden wurde mit einer Rectaltemperatur von 28,2° C. Genesung.

Nicolaysen[5]) erzählt von einem Arbeiter, der betrunken eine Nacht im Freien bei — 6° C. zugebracht hatte, dass derselbe eine

---

[1]) Gaz. hebdom. 1872. No. 4 u. 6.
[2]) Kieler Dissertation 1869.
[3]) Le mouvement médical 1872. No. 9.
[4]) Handbuch der Krankheiten des Harnapparates, p. 401.
[5]) Jahresbericht der med. Wiss. 1875. I. 283.

Rectaltemperatur bei der Aufnahme von 24,7 ⁰ C. gehabt habe, trotzdem sich aber erholte. Ein anderer wurde im Winter betrunken von der Strasse eingebracht, Rectaltemperatur 32,7 ⁰ C. Exitus letalis.

In den Fällen von Reinke [1] handelt es sich um Temperaturen im Rectum von 33 ⁰ C. bis abwärts zu 24 ⁰ C.

Quincke (Glaser) [2] theilt folgenden Fall mit: Eine 23jährige Aufwärterin, schwach, vor 2 Monaten entbunden, wurde am 13. II. 71, nachdem sie 14 Tage lang mit einem beginnenden Typhus sich herumgeschleppt hatte und dann bei einer Aussentemperatur von 2—3 ⁰ C. im Freien die Nacht zugebracht hatte, in der Charité aufgenommen. Patientin reagirte auf Anrufen, schluckte schlecht, Puls klein, hart 60. Temperatur in ano 26,8 ⁰ C. Starb später am Typhus.

Glaser (l. c.) beobachtete im Winter 1876/77 folgenden Fall:

1) Ein 58jähriges Individuum, starker Potator, blieb die Nacht bei einer Kälte von 1—2 ⁰ C. im Freien. Rectaltemperatur früh 9½ Uhr 26,7 ⁰ C. Puls unfühlbar. Patient ist nicht im Stande zu stehen. Nach Anwendung lauwarmer Bäder stieg die Temperatur auf 29,4 ⁰ C. Puls 124 schwach. Konnte 13 Tage später nach einer leichten Pneumonie entlassen werden.

2) Den 5. März 1878 wurde auf einem Kälberwagen ein durch Emphysem und chronische Pneumonie bereits sehr heruntergekommenes Individuum bei einer Aussentemperatur von nur wenig Graden über Null über 4 Stunden weit in's Spital geführt. Temperatur in ano 32 ⁰ C. Nach Bädern, Verabreichung von Reizmitteln aller Art erholte er sich soweit, dass er fähig war, einige Angaben zu machen. Starb am folgenden Tage.

Bei der Entstehung sehr niedriger Temperaturgrade kommt es ohne Zweifel nicht so sehr immer auf den absoluten Kältegrad, als auf die Entstehungsweise an. Ausser der weiter oben bereits erörterten, individuellen Widerstandsfähigkeit, scheint eine gewisse Gewöhnung von Wichtigkeit zu sein. Bei Umherstreichern, Vagabonden, Potatoren scheint das Allgemeinbefinden in Folge der Kältewirkung nicht so erheblich gestört zu werden.

§. 139. Vielfach hat man auch an Thieren experimentell die Wirkung der Kälte auf den Organismus zu studiren versucht. So fand Walther [3], dass die Abkühlung bei Kaninchen die Grenze von 28 ⁰ C. nicht überschreiten darf. Er zeigte ferner, dass Meerschweinchen in Quecksilber auf 18—20 ⁰ C. abgekühlt, sich nicht selbst wieder bei Stubentemperatur erwärmen können, sondern zu Grunde gehen, wenn sie nicht künstlich erwärmt werden. Beck [4], der gleichfalls an Kaninchen experimentirte, fand, dass wenn die Abnahme der Körpertemperatur in den ersten Stunden nur 2—3 Grade betrug, so war sie nach mehreren Stunden eine viel beträchtlichere. Das Thermometer sank in den betreffenden Fällen von 33 auf 31, 29, 27,

---

[1] Deutsch. Arch. für klin. Med. 1875. Bd. 16, p. 12.
[2] Ueber Vorkommen und Ursachen abnorm niedriger Körpertemperaturen. Diss. Bern 1878.
[3] Dubois u. Reichert's Arch. 1865. S. 28.
[4] Deutsche Klinik 1868. No. 53, 63, 72.

25° C., selbst 18 und 17° C. Wie es unter 24° C. stand, war das Thier unrettbar verloren, wenn es nicht aus dem Eise entfernt wurde. Horvath[1]) fand dagegen, dass junge Hunde abgekühlt werden können, bis ihre Darmtemperatur unter 4,8° C. sinkt. Dabei sind sie fähig, bei Stubentemperatur ihre normale, über 36° C. betragende Temperatur durch ihre eigenen Lebensprocesse wieder zu erlangen. Horvath macht ferner die Beobachtung, dass Ziesel, im Winterschlaf langsam abgekühlt, bis ihre Temperatur im Darm — 0,2° C. beträgt, trotzdem noch am Leben erhalten werden können. Allerdings darf diese niedere Temperatur nicht lange anhalten. — Bei den Versuchen von Hoppe-Seyler und Herter[2]) starben mit Schneewasser abgekühlte Kaninchen mit noch deutlichem Unterschied in der Farbe des venösen und arteriellen Bluts, wenn ihre Darmtemperatur bis ungefähr 15° C. gesunken war, nachdem vorher sehr mühsame Respirationen ausgeführt worden waren und Nerven und Muskeln nur sehr wenig auf elektrische Reize hin reagirten. Dieselben Autoren erwähnen auch, dass keine Contraction der Muskeln an den Hinterbeinen eintritt, wenn dieselben allein und sehr stark abgekühlt werden, aber nach Wiedererwärmung tritt dem galvanischen Reiz gegenüber die volle Reactionsfähigkeit wieder auf, ein Verhalten, das auch schon Horvath beschrieben hat.

§. 140. Auch beim Menschen hat man durch kalte Bäder bedeutende Temperaturerniedrigungen erzielt. Der Versuchsmensch von Jürgensen[3]), wurde durch kalte Bäder bis auf 33,1° C. abgekühlt. Allgemeine Temperaturherabsetzungen können aber auch erzielt werden bei Wärmeentziehungen von inneren Organen und durch direkt örtliche Wärmeentziehungen. Bei Eröffnung und Blosslegung der Peritonealhöhle von Kaninchen und Hunden fand Wegner[4]) einen Temperaturabfall bis 23,4° C.

Der Temperaturabfall bei intensiven Wärmeentziehungen, mögen letztere auf diese oder jene Weise vorgenommen werden, beruht auf dem Missverhältniss zwischen Abgabe und Produktion. Erstere ist zu bedeutend, als dass auf die Dauer die Normaltemperatur erhalten werden könnte. Da selbstverständlich die Abkühlung um so schneller erfolgen muss, je grösser die Fläche ist, so ergiebt sich daraus das schnelle Erkalten kleiner Individuen gegenüber grossen, und ebenso erklärlich ist der schnelle Temperaturabfall nach Eröffnung der Abdominalhöhle, während durch kalte Getränke und kalte Klystiere die Abkühlung weit geringer ausfällt.

§. 141. Der Einfluss der Kälte auf Gefässe und Blut ist ein sehr bedeutender. Oertlich entsteht durch den reizenden Einfluss der Kälte Contraction der Gefässe als Folge der erhöhten Thätigkeit der Gefäss- und Empfindungsnerven, sowie der gesteigerten Irritabilität

---

[1]) Wien. med. Wochenschrift No. 32. 1870 und Centralblatt für med. Wiss. 1871. S. 531.
[2]) Hoppe-Seyler, physiol. Chem. I. 1877.
[3]) Vgl. die Körperwärme des gesunden Menschen. 1873. Vgl. ferner Liebermeister's Fieberlehre, p. 115 ff.
[4]) Langenbeck's Arch. 1876.

der Gefässmuskulatur. Es gelangt weniger Blut in den eingeeisten Körpertheil, es entsteht locale Anämie. Das zum Körper zurückströmende Blut, welches sich in den Venen sammelt, fliesst viel langsamer, weil die Strömung der Flüssigkeiten bei sinkender Temperatur immer abnimmt. Die Venen sind daher ausgedehnt. In Folge der Stauung kommt es zu Oedem und Extravasaten. (Vgl. übrigens auch Cap. III.)

Die Protoplasmabewegungen der farblosen Blutkörperchen hören bei niederen Temperaturen ganz auf. Bekanntlich werden ferner durch Gefrieren und Wiederaufthauen die Blutkörperchen zerstört. Unter $+5^0$ liegen die Blutkörperchen ganz still und können durch Filtriren von der Flüssigkeit, in der sie schwimmen, gut getrennt werden. Entnimmt man einem erfrorenen Theile, z. B. den Zehen etwas Blut und legt dasselbe unter das Mikroskop, so findet man, wie ich mich des Oefteren überzeugt habe, besonders die rothen Blutkörperchen, zackig, angenagt, in Zerfall begriffen, eine Reihe von Körnchen und Detritus dabei. Trotzdem kann das betreffende Glied sich vollständig erholen.

Beck (l. c.) fand bei seinen Versuchen die histologischen Elemente des aus dem erkälteten Theile gewonnenen Blutes nie in besonderer Weise verändert. Pouchet[1]) und de Crecchio[2]) kamen bei der mikroskopischen Untersuchung des Bluts, mochte es direkt während der Einwirkung der Kälte entzogen oder den erfrorenen Körpertheilen entnommen sein, im Wesentlichen zu den seit Rollet's Untersuchungen allgemein bekannten Resultaten, Auflösung des Hämoglobins, Veränderung der Blutfarbe, Neigung zu Krystallbildung. Die erste Erscheinung beim Gefrieren der Theile ist nach Pouchet Contraction der Gefässe, so dass kein Blutkörperchen eintreten kann. Die Blutkörperchen sind wie angenagt, der Kern ausgetreten. Hat nur eine partielle Erfrierung ohne Gangrän stattgefunden, so bleibt das Leben dann erhalten, wenn nur wenig derartig veränderte Blutkörperchen in die Circulation gelangen; bei langsamem Aufthauen ist eher Genesung möglich, als bei raschem. Crecchio sah, dass die Blutkörperchen bei Fröschen und Meerschweinchen in Folge von Erfrierung sich trüben, die Circulation wird verlangsamt, die Gefässe werden enger, so dass schliesslich gar keine Blutkörperchen mehr durchgehen können. Die vasomotorischen Nerven werden zunächst durch die Kälte gereizt, nachher gelähmt, so dass schliesslich Erweiterung der Gefässe eintritt. Mathieu und Urbain[3]) fanden, dass das Blut bei Einwirkung der Kälte hinreichend sauerstoffreich sei, so lange die Athmung bleibe. Ferner bleibt das venöse Blut sehr sauerstoffreich, weil der Sauerstoff zur Oxydation nicht benutzt wird. Das arterielle Blut ist aber weiter kohlensäurehaltiger als Folge der niederen Bluttemperatur und der Verlangsamung der Athemzüge. Sie glauben gefunden zu haben, dass die Quantität Sauerstoff, welche ein Thier in sein Blut bei der Respiration aufnimmt, variirt im umgekehrten Verhältniss der Temperatur der umgebenden Luft (s. auch §. 144).

---

[1]) Journ. de l'anatomie 1866.
[2]) Il Morgagni 7, 9, 10. 1866.
[3]) Arch. de physiol. norm. et path. Decemb. 1871. Janv. 1872.

Versuche von Schelske und Cyon haben erwiesen, dass durch allmählige Verminderung der Bluttemperatur die Leistungsfähigkeit des Herzens fortschreitend herabgesetzt wird.

§. 142. Billroth[1]) hat auf eine eigenthümliche Erkrankung der Gefässe nach einer Erfrierung aufmerksam gemacht. Es betraf der Fall einen Offizier, der seit Jahren wiederholten Erkältungen und Durchnässungen ausgesetzt gewesen war und vor 8 Jahren eine Erfrierung ersten Grades der rechten grossen Zehe sich zugezogen hatte, wobei eine Wunde entstand, die beinah ein Jahr zu ihrer Heilung nöthig hatte. Später, trotz allen Curen, kam es zur spontanen Gangrän der grossen Zehe, und schliesslich musste der Unterschenkel wegen zunehmender Infiltration des Fusses und wegen Jaucheheerde in der Planta pedis amputirt werden. — Bei der Untersuchung des amputirten Beines zeigte sich, dass ein chronischer Wucherungsprocess an den Nerven und Gefässen bestanden, der die Schmerzen verursacht und die Obliteration der Gefässe und im weiteren Verlauf die Gangrän hervorgerufen hatte. Der Process an Arterien und Venen bestand seinem Wesen nach in einer Wucherung der Intima, die, gleichmässig gegen das Innere des Lumens fortschreitend, keine retrograden Metamorphosen einging und schliesslich zur Bildung einer das Lumen obliterirenden zellreichen Fasermasse führte. Die in den späteren Stadien auftretende Blutraumbildung war wohl nur rein mechanisch begründet. Die mittlere, sowie die äussere Gefässhaut hatten bei dem Processe eine ganz untergeordnete Rolle. Zu erwähnen ist ferner noch die Neubildung von Muskelfasern und die Entstehung von neuen elastischen Membranen. Von der Arteriitis obliterans, welche Friedländer beschrieben hat, unterscheidet sich dieser Fall dadurch, dass der beschriebene Process primär und auch an den grossen Gefässstämmen auftrat.

§. 143. Bekanntlich hat man schon früher gewisse Formen des Mal perforant du pied, welche nach Erfrierungen der Füsse auftraten, in Zusammenhang gebracht mit durch die Kälte bedingten Gefässerkrankungen. In der jüngsten Zeit hat sich Englisch[2]) wieder dahin ausgesprochen, dass diesem Geschwür, dem Malum perforans pedis, eine Erkrankung der Gefässe (Endoarteriitis) zu Grunde liege. Wenn wir auch zugestehen wollen, dass häufig in Folge einer durch Kälte bedingten Gefässerkrankung langwierige Ulcerationen an den Zehen und anderen Stellen des Fusses entstehen können, so glauben wir doch aus schon früher angeführten Gründen[3]) für die Ulcerationen den Namen Mal perforant du pied nicht gebrauchen, sondern diesen einzig und allein für die sogenannten „neuroparalytischen Geschwüre" bewahren zu müssen.

§. 144. Was den Einfluss der Kälte auf die Respiration anbetrifft, so haben die experimentellen Untersuchungen Wertheim's[4])

---

[1]) F. von Winiwarter, Ueber eine eigenthümliche Form von Endarteriitis und Endophlebitis mit Gangrän des Fusses. Arch. für klin. Chir. XXIII. 1. S. 202.
[2]) Wien. med. Presse. No. 9. 1879.
[3]) Vgl. darüber Sonnenburg, Zwei Fälle von malum perforans pedis. Deutsche Zeitschrift für Chir. IV. Heft 5 u. 6 und VI. Heft 3.
[4]) Wien. med. Woch. 19, 20—23. 1870.

ergeben, dass die Athemfrequenz und Kohlensäure-Ausscheidung sehr vermehrt ist; damit geht eine ebenso bedeutende CO^2-Bildung parallel, so dass die Erfrierung von einer vermehrten Kohlenstoffverbrennung begleitet ist (d. h. doch wohl nur so lange als die Regulation thätig ist; durch die Wärmeentziehung wird sowohl der Lauf des Bluts als auch der Stoffwechsel verlangsamt. Das Blut wird venöser, und in Folge seiner Beschaffenheit reizt es das Respirationscentrum nicht mehr in solcher Weise an, dass die Athmungsnerven in normaler Weise erregt werden). — So sagt auch Hoppe-Seyler (Phys. Chem. III, S. 564): „Es ist unzweifelhaft, dass die Sauerstoffaufnahme und CO^2-Ausscheidung in bestimmter Zeit beim warmblütigen Thier, so lange seine Eigentemperatur keine wesentliche Aenderung erfährt, um so mehr steigt, je grösser der Wärmeverlust ist, den es erleidet. Ferner kann es nicht bezweifelt werden, dass diese Veränderungen des respiratorischen Austausches herzuleiten sind von den bei grösseren Wärmeverlusten erhöhten Umsetzungen in den Organen."

§. 145. Eine direkte Einwirkung der Kälte auf Nerven und Nervencentren wird von Einigen angenommen und so z. B. die nach Erfrierungen manchmal beobachteten Paralysen erklärt. Beck konnte bei seinen Experimenten nie Structurveränderungen der Nerven nachweisen. Andere führen die Erscheinungen der Paralysen auf durch die Contraction der Gefässe und in Folge geschwächter Herzthätigkeit bedingten Verlangsamung der Circulation und dadurch hervorgerufenen Anämie zurück. Noch Andere nehmen eine Lähmung der Centren in Folge verminderter Kohlensäure-Ausscheidung an. Richardson[1]) fand nach 24 Stunden anhaltender, vermittelst des Aether-Apparates erzeugter partieller Erfrierung des Gehirns von Tauben die Gehirnfunctionen ungestört, wenn die Thiere nach dem Experiment in -10° C. kalter Luft eine Zeit lang verweilt hatten.

§. 146. Horvath (l. c.) fand, dass eine Kälte von -5° C. die quergestreiften Muskeln des Thieres ertödte. Das Herz des Frosches aber, hart gefroren, kann, vorsichtig aufgethaut, die Contractionen wieder beginnen.

Schon Benndorf beschreibt wachsartige und andere Degenerationen in den Muskeln nach Erfrierungen, ebenso constatirte Beck bei seinen Experimenten über Erfrierungen auffallende Veränderungen der Muskeln, Zerfall der feinen Elemente der Primitivbündel. In der neuesten Zeit hatte Kraske[2]) in Halle Gelegenheit, die Veränderungen der quergestreiften Muskeln nach Einwirkung starker Kälte zu beobachten. Die Muskelsubstanz war sehr mürbe und zerreisslich, sie erschien opak, farblos und grau, in ihrem ganzen Aussehen vielleicht am besten mit „gekochter Leber" vergleichbar. Die mikroskopische Untersuchung ergab einen massenhaften Zerfall der contractilen Substanz. Die Primitivbündel waren zum Theil ohne Kerne und Querstreifung und hatten ein körniges Aussehen, zum Theil waren sie kolbig verdickt und ihre Substanz hatte einen eigenthümlichen wachs-

---

[1]) Petersb. med. Zeitschrift 1871, 4, 5.
[2]) Centralblatt für Chirurgie 1879. No. 12.

artigen Glanz, wieder andere waren ganz zerfallen. In der Umgebung dieser todten Fasern waren lebhafte Regenerationsvorgänge. Offenbar folgt dem massenhaften Zerfall der contractilen Substanz Entzündung und interstitielle narbige Schrumpfung.

§. 147. Die Leichen der Erfrorenen sind blass, so lange sie in der Kälte sind, werden blau, wenn sie aufthauen, die Todtenstarre ist bedeutend. Nase, Ohren, Zehen brechen leicht ab; das Eis in den Gefässen und im Innern des Körpers thaut sehr langsam auf, so dass man Eisstücke manchmal in den Gefässen fühlt. Das Blut soll eine arteriell rothe Farbe haben (Ogston). Meist findet man Blutreichthum der inneren Organe. Pathologische Veränderungen von Wichtigkeit fehlen in den inneren Organen. Als charakteristisch wird angeführt, dass die Schädelnähte in den Leichen der Erfrorenen lose sind (Krajewsky[1]), was mit Rücksicht auf die Ausdehnung des krystallisirenden Wassers ganz glaublich erscheint; dies wäre der einzige Befund, der forensisch beweisen könnte, dass ein Körper gefroren war, doch wird das Phänomen ebensowohl bei jeder gefroren gewesenen Leiche als bei einem durch Erfrierung gestorbenen Menschen gefunden werden (Billroth).

Cap. III.

Symptome und Verlauf der Erfrierungen.

§. 148. Die erste Wirkung nicht hoher Kältegrade, bei frischem Frostwetter zum Beispiel, ist bei gesunden kräftigen Menschen eine durchaus nicht unangenehme. Besonders bei Bewegung sehen die betreffenden Individuen noch frischer und gesunder im Gesicht aus, Wangen und Nasenspitze werden frisch arteriell roth, die Circulation ist lebhaft, die Athmung leicht, ein gewisses Wohlbehagen, das sich auch in der ganzen Stimmung kund thut, vorhanden. Dagegen sehen anämische, schwächliche Menschen, zumal wenn sie bei kaltem Wetter unvollkommen warm gekleidet sind, sehr blass aus, die Nase erscheint spitz und bläulich, das Gesicht noch mehr eingefallen und gelblich.

Ist die Kälte intensiver und weht zu gleicher Zeit ein mehr oder weniger heftiger Wind, so empfindet man im Anfange die Kälte in sehr unangenehmer Weise, die am meisten ausgesetzten Theile fangen an zu brennen und schmerzen, besonders wenn man dabei ziemlich ruhig sich verhält, z. B. auf offenem Schlitten gegen den Wind fährt. Nach und nach empfindet man aber die Kälte weniger intensiv und die unmerklich beginnende Gefühlsschwäche kann ganz allmählig in völlige Anästhesie übergehen. Erst wenn man in einen erwärmten Raum eintritt, wird das Gesicht und die Hände, welche der Kälte am meisten ausgesetzt waren, blauroth und schwellen an, es tritt die Empfindung brennender Hitze ein. Die gleiche Beobachtung macht man an den Händen der Knaben, welche lange mit Schneeballen sich vergnügt haben. Aus dem Gesagten ersieht man auch,

---

[1] Gaz. des hôp. 1860.

dass in der That Erfrierungen der Nase, Zehen, Finger u. s. w. entstehen, ohne dass die betreffenden Individuen es selber merken, da die im Anfange vorhandene Schmerzhaftigkeit sehr bald aufhört und zwar schon zu einer Zeit, wo noch gar nicht Erfrierungen höherer Grade entstehen. Erst wenn die Individuen in ein warmes Zimmer treten, merkt die Umgebung an dem blassen Aussehen gewisser Körpertheile und Hautbezirke, dass hier stärkere Erfrierungen vorliegen und pflegt dann sofort durch Abreibungen mit Schnee u. s. w. die vorhandenen Störungen auszugleichen.

§. 149. Es bewirkt mithin die Kälte zunächst eine Contraction der Gefässe, nachher Dilatation[1]). Nachdem die intensive Wirkung der Kälte nachgelassen hat, erweitern sich die Arterien wieder um etwas und lassen Blut in die Capillaren und kleinen Venen eintreten. Nun erschöpft sich aber die Kraft des Kreislaufs an den Widerständen in den Wandungen der kleinen Arterien, welche noch immer eng zusammengerückt sind und desshalb fehlt für das Blut in den kleinen Venen das volle Maass der vis motrix a tergo. Das Blut staut sich auf in den kleinen Venen und bringt dieselben zur Dilatation (Hüter, allg. Chirurg. S. 225). Eine Entzündung besteht nach Hüter weder bei diesem Erfrierungserythem, noch bei den weiteren Graden der Erfrierung (Blasenbildung). Die Kälte erzeugt Stase, die Stase Exsudation, die Exsudation Blasenbildung. Erst das Bersten der Blase kann Anlass zur Entzündung geben. — Wir können aus klinischen Beobachtungen noch hinzufügen, dass im Falle ein erfrorenes Glied aufthaut, so kann eine Zeit lang das arterielle Blut wieder in die Gefässbahnen eintreten, ein Vorgang, der nach Verbrennungen wegen der Schrumpfung der Gewebe nicht stattfinden kann. Es wird nun davon abhängen, ob die Gefässwandungen das Blut noch flüssig zu halten im Stande sind oder nicht, ob, mit anderen Worten, die Circulation sich wieder herstellen kann oder nicht. Im ersteren Falle wird das Glied sich wieder vollständig erholen, im letzteren Falle wird Gangrän eintreten. In diesem Uebergangsstadium bleiben die Venen besonders stark ausgedehnt und dies mag die Stase und Thrombose in ihnen wesentlich fördern (Billroth).

§. 150. Cohnheim[2]) fasst die Wirkung der Kälte wie folgt auf. Die Erscheinungen der Kältewirkung beim Kaninchenohr sind ganz ähnlich, wie bei Verbrennungen. Wird ein Kaninchenohr in eine Kältemischung von 10—12° gebracht und eine Weile darin gelassen, so sieht das Ohr beim Herausnehmen und Lösen des Unterbandes ganz verwaschen rosig aus, wie diffus durchtränkt mit Blutfarbstoff. Nach einer Weile füllen sich die Gefässe von den Arterien her, sie erweitern sich, die Circulation geht lebhaft vor sich. Ist die Temperatur nicht unter —6° gesunken, so hat selbst eine sehr lange Einwirkung keinen weiteren Einfluss, nach —7—8°, entwickelt sich teigige Schwellung (reines Oedem), in ein bis zwei Tagen ist der normale Zustand wieder vorhanden. Nach Temperaturgraden von —11 bis —14° ist die Schwellung bedeutender, sie schwindet langsamer, es findet sich

---

[1]) Vgl. auch Cap. II.
[2]) Vorles. über allg. Patholog. S. 203 ff.

neben dem Oedem Infiltration des Gewebes durch Eiterzellen statt; die Entzündung ist noch bedeutender bei —15 bis —20°, wirkt dieselbe irgendwie längere Zeit ein, so stösst sich die Epidermis los, die Spitze des Ohrs, Stellen am Rande desselben werden nekrotisch. — Da die entzündlichen Veränderungen sowohl nach der Erfrierung (als auch nach der Verbrühung) erst eintreten, nachdem die Circulation wieder in Fluss gekommen und somit alles Blut, das innerhalb der Ohrgefässe dem Einflusse der Temperatur ausgesetzt war, durch neu eintretendes Blut ersetzt wird, so kann die Ursache der Entzündung nur darin liegen, dass die Gefässwand eine Alteration erlitt. Das wird direkt bewiesen dadurch, dass wenn auch die Gefässe vor dem Versuche völlig blutleer gemacht wurden (in Folge Durchleitung von Kochsalzlösung), der Effekt der Hitze oder Kälte derselbe bleibt (s. auch §. 5).

§. 151. Soweit Cohnheim. Unterwerfen wir nun die durch die Erfrierung bedingten Erscheinungen einer genaueren Prüfung, so kommt es bei dem Erfrierungserythem vor, dass die Röthe und Anästhesie noch bis zum 10. Tage nach der Erfrierung bestehen, dann aber gänzlich schwinden. Dass die Contractionsschwäche der Gefässe noch länger andauern kann, unterliegt keinem Zweifel. Ja, manchmal sind sogar Gefässparalysen während des ganzen Lebens bestehen geblieben. Billroth führt den Fall von einem jungen Manne an, der in Folge von Erfrierung eine rothe Nase behalten hatte, die vergeblich behandelt wurde. — Nicht immer braucht die Röthe ins Bläuliche zu spielen, es giebt Fälle, besonders bei leichten Erfrierungen, in denen eine rosige Färbung besteht. Bis die Hautröthung vollständig verschwunden ist, besteht oft etwas Brennen und Jucken.

§. 152. Bei den Erfrierungen zweiten Grades (s. Fremmert und Luppian l. c.[1]) erscheint die Haut tief roth, selbst tief violett gefärbt und hie und da mit Blasen bedeckt. Die Umgebung der Blasen oder Excoriationen ist bald mehr, bald weniger geröthet; der Blaseninhalt zeigt durchaus nicht immer eine schmutzige Färbung, wie bei Gangrän, sondern ist zuweilen so hell wie der von Vesicatorblasen. Hat sich die Flüssigkeit entleert, so heilt die Excoriation meist unter dünner, gelblicher Krustenbildung schnell, ohne jegliche Narbenbildung. Eine solche Dermatitis bullosa post congelationem hat man an den Zehen und Fingern vielfach, an der Planta und dem Dorsum pedis, ausserdem an der Ohrmuschel und Glans penis zu beobachten Gelegenheit. Ueber besonders heftige Schmerzen klagen die Patienten nicht. Bleibt das mit Blasen bedeckte Glied blau und kalt, so kommt es wohl immer zu Gangrän und es liegt dann ein höherer Erfrierungsgrad vor. Es ist überhaupt schwer zu sagen, ob sich ein Glied wieder erholt oder nicht oder wie weit es eventuell gangränös werden wird.

§. 153. Beim dritten Grade sind die Krusten dunkelgefärbt, ziemlich dick, rauh, recht fest haftend oder die Epidermis erscheint glatt und schmutzig graubraun. Löst sich die brandige Schicht, lösen sich die Borken nach einiger Zeit, so wird eine oberflächliche, später

---

[1] Wir behalten die Eintheilung nach Fremmert und Luppian im Folgenden bei.

eiternde Geschwürsfläche sichtbar. Patienten, welche spät, ein bis mehrere Wochen nach der Erfrierung in Behandlung kommen, haben stets solche oberflächliche Ulcerationen, welche einen lividen, blutenden, recht empfindlichen oder bereits atonischen Grund zeigen, bei passender Behandlung aber nach 5—8 Tagen gut eitern und dann, mit wenigen Ausnahmen, in relativ kurzer Zeit heilen. Kommen aber die Erfrierungen dritten Grades früh in Behandlung, etwa bis zum zweiten Tage, so findet man zuweilen noch flache, dunkle Flüssigkeit enthaltende Blasen, welche dann schnell in Schorfe, die höchstens 14 Tage festsitzen, umgewandelt werden. Leichte Narbenbildung findet nach Erfrierungen dritten Grades fast immer statt. Nägel werden häufig abgestossen, was übrigens auch schon bei leichteren Erfrierungen vorkommt. — Man muss bei der Beurtheilung von Frostblasen sehr vorsichtig sein, da im Anfange Blasen des zweiten Grades vorhanden zu sein scheinen, später aber an Stelle derselben gangränöse Excoriationen auftreten können. Ebenso können auf Blasen, welche scheinbar dem dritten Grade angehören, weit schwerere Brandformen folgen. Wir betonen daher hier gleich den für alle Grade der Erfrierungen geltenden Satz: dass während des Initialstadiums man sich äusserst leicht in der Gradbestimmung täuschen kann.

§. 154. Bei Erfrierungen vierten Grades stossen sich die brandigen Theile meist schon in der ersten Woche ab, jedoch kommt es auch vor, dass diese Abstossung nicht vor dem 25.—30. Tage erfolgt. Verzögert sich bei Erfrierungen an Zehen und Fingern die Abstossung der gangränösen Haut sehr, so hat man es wohl immer mit dem fünften Grade (s. weiter unten) zu thun. Es kommt überhaupt der vierte Erfrierungsgrad allein viel seltener vor, als die übrigen Grade. An Gliedern, welche viel Weichtheile besitzen, sieht man ihn häufiger. — Nadelstiche zu diagnostischen Zwecken werden von uns nicht empfohlen. Sie scheinen nicht ganz ungefährlich. Leichte Hautstiche kann man füglich in fraglichen Fällen unterlassen, weil dieselben doch immerhin bei etwa vorliegendem dritten Grade zu Zerstörungen führen dürften, die dem vierten Grade angehören, und tiefe Stiche macht man ungern, weil sie wenig Aufschluss gewähren und bei einfacher Hautgangrän zu Erkrankung aller Weichtheile bis auf den Knochen Veranlassung geben können. — Doch ist es wohl im Allgemeinen richtig, dass eine Cutis, welche noch 24 Stunden nach der Erfrierung gefühllos ist, als verloren betrachtet werden muss. Nach einigen (2—3) Tagen bildet sich an der Grenze der gesunden lebendigen Haut eine rosige, diffuse, oft weit verbreitete Röthe, welche sich gegen die blauroth gefärbte kalte, gefühllose Cutis mit loser Epidermis bald deutlich abgrenzt. Bis es in der Demarcationslinie zur Eiterung und weiter zur allmähligen Abhebung der abgestorbenen Theile, von den Rändern her, kommt, darüber vergehen wiederum mehrere Tage, ja manchmal eine Woche und darüber.

§. 155. Diese Demarcation ist von weit grösserer Bedeutung noch beim fünften Erfrierungsgrade, wobei also Brand des Gliedes in seiner ganzen Dicke, Mortification aller Gewebe bis auf den Knochen stattfindet. Zu deutlicher Demarcation, d. h. beginnender Rinnenbildung, kommt es gewöhnlich schon in der ersten Woche, oft aber später, selbst erst in der vierten Woche. Ist die Furche da, so vertieft sie sich schnell und Fälle, wo sie schon am 7. Tage nach der Erfrierung klaffend vorliegt, sind durchaus nicht selten. Die Eiterung kann sehr copiös werden. Die der Grenze zunächstliegenden lebenden Weichtheile erscheinen häufig ödematös und auch phlegmonös, und es kommt in denselben oft zu nicht unbedeutenden Abscessbildungen, die sehr weit hinaufreichen können. Die todten Theile sind blau, kalt, völlig gefühllos, zuweilen mit Blasen bedeckt, häufig kann man die Epidermis und die Nägel mit Leichtigkeit abstreifen, oder sie haben sich schon längst abgestreift und die darunter gelegenen Theile erscheinen dunkelroth und trocken. Während in der Nähe der Demarcationslinie, wenigstens in der ersten Zeit, die brandigen Gewebe weich, durchtränkt, und mehr grau erscheinen, befinden sich die entfernteren im Zustande der Schrumpfung, besonders die peripher gelegenen sehen allmählig braunschwarz aus und sind häufig schon in der 2. Woche von trockener, hornartiger Beschaffenheit. Unterdessen schneidet die stinkende, Eiter und Jauche absondernde Demarcationsfurche gewöhnlich schräg nach vorn verlaufend bis auf den Knochen ein, nur die Sehnen widerstehen von allen Geweben am längsten, so dass völlig brandige Zehen und Finger noch lange activ etwas bewegt werden können. Bei leichter Nachhülfe mit Messer und Scheere oder auch ganz ohne diese findet nun nach einer gewissen Zeit die Ablösung der gefrorenen Gliedertheile statt und zwar gewöhnlich in dem nächsten, von der Demarcationslinie peripher gelegenen Gelenke. Im Allgemeinen dauert selbstverständlich die vollständige Elimination länger, je grösser das abgestorbene Stück ist. Doch erfolgt die spontane Exarticulation z. B. der Nagelglieder, manchmal auch erst sehr spät, nach 5—6 Wochen.

§. 156. Die nekrotisirende Wirkung hoher Kältegrade beruht offenbar auf der vollkommenen Suspension des arteriellen Kreislaufs in den Geweben und auf den höchsten Graden der venösen Stase, endlich wohl auf der direkten Eisbildung in dem Blut und dem Ernährungssaft. Wenn Körpertheile in so hohem Grade erfroren sind, dass die Flüssigkeit in ihnen zu Eis erstarrte, so können in diesem Zustande z. B. Ohren und Nasenspitze abbrechen. Wird die Continuität eines erfrorenen Theiles nicht unterbrochen, so könnte man meinen, dass das Blut, nachdem die Theile aufgethaut sind, direkt wieder in die Gefässe einfliessen müsste. Doch bildet sich offenbar da, wo das Blut in den Gefässen zu Eis friert, an der Grenze des noch fliessenden Blutstroms im noch lebendigen Gefässe ein Thrombus. Letzterer löst sich wahrscheinlich nicht wieder und das Gefäss bleibt unwegsam. Ausserdem kommt noch die oben erwähnte direkte Alteration der Gefässwand mit dazu.

§. 157. Wenn die Epidermisblasen bersten, ist ein schnelles Verdunsten des Inhalts und Verdunstung der tiefer gelegenen Theile möglich. Es tritt dann der trockene Brand, die Mumification ein. Bedecken die Blasen den Grund und verhindern dieselben die Verdunstung, so entsteht der feuchte Brand, die Fäulniss, gekennzeichnet durch Entwickelung stinkender Gase, durch die Production trüber stinkender Flüssigkeit (Brandjauche), die wegen etwaiger Resorption zu verderblichen Erscheinungen und Ereignissen führen kann. In der Nähe der Demarcationslinie ist selbstverständlich in Folge der Durchtränkung der Gewebe mit der secernirten Jauche immer nur feuchter Brand vorhanden.

Wegen der gleichmässigen Einwirkung der Kälte auf die Gewebe ist mit der Entscheidung der Hautgangrän Alles entschieden, während bei der oft sehr ungleichmässigen Einwirkung einer Verbrennung die Verhältnisse in Betreff der Tiefe der Verbrennungsgangrän an verschiedenen Stellen eines verbrannten Gliedes weit complicirter sind.

§. 158. Das **Allgemeinbefinden** der Kranken ist bei den bisher beschriebenen Graden der Erfrierung oft ein völlig ungestörtes (die nach Erfrierungen auftretenden Complicationen siehe im Cap. IV). Fieber kann nach unseren Beobachtungen in den ersten Tagen nach Erfrierungen auftreten (Resorptionsfieber) und zwar mit Steigerung bis zu 40°. Oft fehlt es aber vollständig, ja beim Bestehen grosser eiternder Demarcationsfurchen beobachtet man manchmal sogar subnormale Temperaturen. Bei Frostgangrän kann zwar manchmal typhusartiges Fieber auftreten, aber es ist dasselbe dann als ein die Gangrän begleitendes septisches Fieber aufzufassen (vgl. w. u.). Nur in vereinzelten Fällen ist Eiweiss im Urin vorgefunden worden [1]).

§. 159. Die Symptome **allgemeiner** Erfrierung, Erstarrung zeigen sich besonders als Gefühl starker Mattigkeit; Muskelanstrengung scheint bei hohem Kältegrade besonders schnell zur Ermattung zu führen. Dabei ist als constantes Symptom starkes Kältegefühl und eine unüberwindliche Neigung zum Schlaf vorhanden. Der Gang wird unsicher, wie der eines Betrunkenen, das Auge unterscheidet nicht mehr genau die Gegenstände, das Gehör verliert sich, die Intelligenz weicht dem Stumpfsinn, die Haut wird blass-bläulich. Die Menschen können in diesem Zustande noch unter Leitung von der Stelle kommen, aber sich selber überlassen, stürzen sie hin, um nicht wieder aufzustehen. Manchmal treten vor dem Tode plötzlich noch heftige Schmerzen auf, meist aber kommt derselbe unmerklich. Die Menschen können der Müdigkeit nicht mehr widerstehen, legen sich in der Kälte hin, schlafen ein und oft genug geht dieser Schlaf unmerklich für den Betroffenen in den Tod über. Es dauern sehr langsame Respirationen und schwacher Herzschlag vielleicht noch eine Zeit lang (Tage lang?) fort, wenn die Kälte nicht so rasch zunimmt, dass der Körper zu Eis gefriert. Die Respiration kann bis auf 8, der Puls bis auf 40—50 Schläge in der Minute und selbst noch weniger sinken. Hat man an noch so schwachen Respirationsbewegungen und aus dem

---

[1]) Larrey (l. c.) beschrieb unter dem Namen fièvre méningite catarrhale de congélation etc. einen Symptomencomplex bei Soldaten, der sich einstellte nach Eintritt wärmerer Witterung: heftige Kopfschmerzen, verbunden mit Irrereden, allgemeine Schwäche, unvollständige Lähmung, Somnolenz, Athemnoth, Husten mit etwas blutigem Auswurf, Erbrechen, Durchfälle, trockene Haut, heftiges Fieber. Ein günstiger Ausgang erfolgte, wenn Nasenbluten oder blutige Stühle auftraten.

Ob diese Symptome allein auf die Einwirkung der Kälte zurückzuführen sind, fragt sich bei den durch Strapazen sehr heruntergekommenen Soldaten sehr. Larrey führte diese Symptome zurück auf die plötzliche Erweiterung der kleinen und kleinsten Gefässe.

hörbaren Herzschlag erkannt, dass das Leben noch nicht ganz geschwunden ist, so ist Hoffnung vorhanden bei rasch eingeleiteten Wiederbelebungsversuchen den Menschen zu retten. Hat der Erstarrungszustand nicht zu lange angedauert, so kann der Erstarrte wieder vollständig zu sich kommen und sich vollkommen erholen. Doch fehlt nie, selbst bei der vorsichtigsten allmähligen Erwärmung, ein Zustand von Hirnreizung mit Kopfweh, dauernder Schwäche, Besinnungslosigkeit, Delirium. In diesem Stadium kann auch noch der Tod eintreten.

Fremmert und Luppian berichten folgenden Fall: Ein Individuum, welches am Morgen des 8. Febr. 1878 in der Nähe des Hospitaleingangs auf der Strasse sprachlos und ziemlich steif gefunden wurde, starb nach 15 Stunden. Die Haut erschien bei diesem Erfrorenen im Anfange überall blass, jedoch färbte sich Nase, Lippen, Finger, Zehen später blau. Athembewegungen und Herzcontractionen waren kaum wahrnehmbar, das Bewusstsein fehlte vollkommen und die Augen hatten einen gläsernen Ausdruck. Nach Schneeabreibungen und einem kalten Bade brachte Patient einige Worte, z. B. seinen Namen, leise hervor. 28 Respirationen und 72 schwache Herzcontractionen konnten in der Minute gezählt werden, der Puls blieb aber unfühlbar. Aus dem Sectionsprotokoll hebe ich hervor: Knochen des Schädels blass, dünn; Pia sehr ödematös, leicht ablösbar, an den Furchen verdickt. Hirnsubstanz fest, die Schnittfläche glänzend, die Lungen sehr hyperämisch. Ausserdem eine Reihe pathologischer Organveränderungen, die mit der Erfrierung nichts zu thun hatten.

§. 160. Das Erstarren des ganzen Körpers zu einem Eisklumpen erklärt den Tod ohne Weiteres durch Gefrieren des Bluts, Kältestarre der Muskeln und des Herzens. Tritt der Tod nach allgemeiner Erfrierung nicht gleich ein, so erfolgt derselbe oft plötzlich, nachdem der Körper aus der Kälte in höhere Temperatur gebracht wurde. Diese Zufälle werden sehr verschieden erklärt, nach Pouchet (vgl. Cap. II) sind die beim Auftauen zerfallenden rothen Blutkörperchen, die plötzlich bei schneller Erwärmung wieder in den allgemeinen Kreislauf gelangen, daran Schuld. Es ist in der That wohl denkbar, dass in Anbetracht dieser eigenthümlichen Einwirkung der Kälte auf die rothen Blutkörperchen und ferner wegen der langandauernden Einwirkung der Kälte und des tiefen Eindringens derselben in die Gewebe eine grosse Masse rother Blutkörperchen verändert, resp. zerstört werden. Ob deren plötzliches Erscheinen im Kreislauf zu bedenklichen, den Tod herbeiführenden Störungen Veranlassung geben mag, ist allerdings nicht erwiesen. Vielleicht findet auch hier durch den Zerfall der Blutkörperchen Bildung von Gerinnungen (Thromben) statt (vergleiche darüber die Verbrennungen Cap. IV). — Ebenso fanden Mathieu et Maljean (Étude clinique et expérimentale sur les altérations du sang dans la fièvre traumatique et les fièvres en général. Bull. de la Soc. de Chirurg. 1876. Nr. 8), dass nach Gefrierung des Blutes das aufgethaute Blut eine beträchtliche Veränderung der Bltukörperchen zeigte; seine respiratorische Capacität war um die Hälfte vermindert. Es ruft ferner pyrogene Effekte hervor, proportional der Dosis, in welcher es transfundirt worden ist. Die Fieberanfälle sind sehr heftig, treten rapid auf und dauern nur kurze Zeit an. — Andere nehmen ein congestive Wallung in inneren Organen nach dem Aufthauen (?) als Todesursache an. Dass aber zu gleicher Zeit nervöse Einflüsse mit dabei thätig sind, liegt auf der Hand. Denn wir haben schon den Einfluss der Kälte auf Nerven und Gehirn oben betont. So starben in Russland viele vom französischen Heere (1812) unter den Erscheinungen der Katalepsie und Epilepsie, und manche von den Heimkehrenden wurden hemiplegisch. Geschmackssinn und Sprache sind häufig für lange Zeit verändert, wenn die Erfrorenen wieder genesen.

§. 161. Wahrscheinlich ist aber die Ursache des rasch eintretenden Todes nach Erstarrung mit nachfolgender schneller Ewärmung des Körpers noch in ganz anderen Umständen zu suchen.

Hoppe-Seyler (l. c. S. 30) bemerkt: „Unzweifelhaft beruht die Zerstörung des Lebens in Pflanzentheilen durch Gefrieren und nachheriges schnelles Aufthauen der gefrorenen Säfte im direkten Sonnenscheine auf demselben Vorgange, indem beim Gefrieren das Wasser grösstentheils von den festen Stoffen getrennt, sich zu Krystallen aggregirt und beim schnellen Aufthauen die den Krystallen zunächst liegenden Theilchen der festen Bestandtheile in eine Ueberschwemmung von Wasser gerathen, während entfernter liegende Theilchen weniger davon erhalten; geht dagegen das Aufthauen langsam von Statten, so hat das gebildete Wasser Zeit zu diffundiren und neben der früher bestehenden Lösung allmählig die imbibirten contractilen Massen intact wieder herzustellen. Auf diese Weise kann man die häufig beobachtete Erscheinung erklären, dass die an sehr kalten Morgen im Frühjahr oder Herbst gefrorenen Pflanzentheile ertödtet werden, wenn sie von den ungeschwächten Strahlen der aufgehenden Sonne getroffen werden, während die vor der Einwirkung der Sonne geschützten Blätter, die nur langsam aufthauen, erhalten bleiben. Auf dem nämlichen Vorgange beruht unzweifelhaft die vielfach beobachtete Erscheinung, dass in gefrorenem defibrinirtem Blute die Blutkörperchen zum Theil gelöst werden, wenn das Aufthauen dann nicht sehr langsam geschieht."

Hoppe-Seyler lehrt ferner, dass auch im menschlichen Organismus die Erstarrung des Protoplasma der verschiedensten Zellen, der Muskeln und der eine scheinbar spontane Bewegung zeigenden Gebilde durch das Wasser bei schnellem Aufthauen nicht allein den localen Tod der Gewebe bedingt, sondern auch bei allgemeinen Erstarrungszuständen als Todesursache angesehen werden muss. Hoppe-Seyler und Herter, welche auf experimentellem Wege diese Verhältnisse untersuchten und mir die damals gewonnenen Resultate zu etwaiger Benutzung und Veröffentlichung freundlichst überliessen, zeigten u. a. durch nachfolgendes Experiment die Richtigkeit obiger Anschauungen.

Versuch VII. Ein Kaninchen wird auf ein Brett gebunden und eine Mischung von Schnee und Salz (unter — 9°) auf den rechten Schenkel gebracht.

Um 11 Uhr 30 M. Resp. 56 P. 128 Rectal-Temp. 38,4
„   11 „ 35 „   „   52 „ 156   „   37,9
„   11 „ 40 „   „   50 „ 132   „   37,5

Um	12	Uhr	7 M.	Resp.	58	P. 124	Rectal-Temp.	34,1
„	12	„	20 „	„	56	„ 132	„	32,5
„	12	„	30 „	„	56	„ 132	„	31,0
„	1	„	— „	„	60	„ 88	„	27,6.

Die Respiration wurde tiefer, der Puls schwächer. Das Thier war ziemlich unruhig, wodurch mehrere Male der Fuss theilweis aus der Kältemischung herauskommt.

Um 1 Uhr ist der Unterschenkel hart gefroren, ebenso ein Theil des Oberschenkels; die Zehen, welche nicht vollständig von der Kältemischung umgeben waren, sind nicht ganz so starr.

Um 1 Uhr 12 M. wird das Thier in ein Luftbad von 40° gebracht. Es ist sehr matt, liegt auf der Seite. Um 1 Uhr 25 M. ist der erfrorene Schenkel wieder weich. Um 12 Uhr 58 M. setzt sich das Thier wieder auf und ist bedeutend lebhafter. Um 3 Uhr 30 M. wird das Thier in Zimmertemperatur gebracht.

Um 1 Uhr 12 M. im Luftbad.

„	1	„	25 „	Resp.	54	P. 192	Rectal-Temp.	28,5
„	1	„	33 „	„	56	„ 186	„	29,6
„	1	„	45 „	„	60	„ 120	„	31,2
„	1	„	50 „	„	56	„ 120	„	32,5
„	1	„	58 „	„	62	„ 132	„	33,9
„	2	„	30 „	„	60	„ 120	„	36,6
„	3	»	30 „	„	64	„ 144	„	38,3.

Das Thier zeigte nun ausser einer Lähmung des erfrorenen Beines keine abnorme Erscheinungen und hatte seine normale Temperatur wieder erreicht. Keine Sensibilität des erfrorenen Beines, starke elektrische Ströme, auf der Haut die Elektroden aufgesetzt, bewirken ganz schwache Zuckungen der Muskeln. Am anderen Tage starkes Oedem des erfrorenen Beines, keine spontane Bewegungen in demselben, welches nachgeschleift wird. — Am nächsten Tage war das Oedem etwas geringer, Haut an einigen Stellen gangranös. Temp. 38°,1. Thier im Uebrigen anscheinend normal.

In anderen Fällen, in denen die erfrorene Extremität allmählig aufgethaut wurde, zeigten sich keine Folgen der Erfrierung.

Die Untersuchungsreihe ist noch nicht abgeschlossen.

§. 162. Was die Heilungsdauer der Erfrierungen anbetrifft, so richtet sich diese selbstverständlich nach dem Grade und nach der Ausdehnung der Erfrierung. Leichte Fälle heilen in 2—14 Tagen, in schweren und schwersten Fällen dauert die Heilung Wochen und Monate, ja selbst ein Jahr lang und darüber. In dem Berichte von Fremmert und Luppian befindet sich ein Kranker, der durch Erfrierung beide Beine im unteren Drittel der Unterschenkel und 9 Finger einbüsste. Dieser war 429 Tage in Behandlung, wurde dann aber entlassen, obgleich an den Händen noch kleine Ulcera vorhanden waren. — Uebrigens können Ulcerationen selbst nach leichteren Erfrierungen noch Monate lang fortbestehen, wenn z. B. zu gleicher Zeit Erkrankungen der Gefässe in Folge der Kälte entstanden sind. (Vgl. darüber Cap. II.)

§. 163. Anhang.   Die **Frostbeulen, Perniones.**

Mit diesem Namen bezeichnet man gewisse Formen von Entzündung, die in Folge von Kältewirkung an Zehen und Händen bei manchen Individuen entstehen. Wir theilen die Ansicht von Klebs, dass diese chronischen Formen der Entzündung, welche durch oft sehr mässige Kältewirkung auftreten und zwar in Gestalt livider, meist umschriebener Schwellungen der Extremitäten, von den direkten Wirkungen der Kälte unterschieden werden müssen.

Wie schon erwähnt, zeigen sich die Frostbeulen meist an Zehen und an den Fingern, manchmal aber auch am Gesichte, an der Nase, an den Ohren, kurz an allen Stellen, die mehr weniger der Kälte ausgesetzt sind. Einer oder mehrere Finger und Zehen schwellen, es bilden sich umschriebene, knotenartige Röthungen von mehr livider Färbung, welche bei angebrachtem Fingerdrucke erblassen und Jucken oder brennenden Schmerz erregen. Diese Erscheinungen bleiben unverändert oder steigern sich besonders bei Einwirkung der Wärme; auch das Colorit ändert sich dann, die Beulen werden dunkelblauroth. Mit diesen geringen Veränderungen bleibt das Krankheitsbild lange Zeit hindurch stationär. Während der kühlen Jahreszeit (bisweilen auch umgekehrt während der Sommermonate) steigern sich die Symptome, Schwellung und Röthung werden intensiver, aber weitere Aenderungen treten nicht auf. — In anderen Fällen werden die Frostbeulen so metamorphosirt, dass sie entweder an Consistenz zunehmen oder eine deutliche Vascularisation sich in ihnen entwickelt, wodurch Veränderungen der Haut herbeigeführt werden, die sich zeigen in einer intensiv lividen Färbung, derberen Beschaffenheit der Cutis und Veränderungen der Epidermis. Letztere wird sehr dünn, schillernd, glatt.

Es kann aber auch zu Blasen-, Pustel- und Geschwürsbildung (Frostgeschwüre) kommen. Meist sind äussere mechanische Momente Veranlassung dazu, wie drückende Fussbekleidung, Reibung, Kratzen. Die Schmerzen werden heftiger, besonders nach Berstung der Blase oder Pustel und Blosslegung des Papillarkörpers. Doch können die eiternden Frostbeulen häufig die definitive Heilung herbeiführen, indem die Beulen selber vollständig mit Hinterlassung einer Narbe, welche zu Recidiven nicht geeignet ist, vereitern.

Das Brennen und Jucken, das durch die Frostbeulen z. B. an den Füssen hervorgerufen wird, ist unerträglich, besonders wenn die damit Behafteten sich zu Bette legen. Reiben, Kratzen mit den Nägeln, mit Bürsten scheint das Jucken fast noch zu steigern; durch das Kratzen wird die Epidermis abgerissen, doch ist der dadurch hervorgerufene Schmerz fast angenehm, verglichen mit dem Jucken.

Seltener kommen Frostbeulen am Penis vor, wie z. B. Schrank[1]) beobachtete. Neben den geschilderten Symptomen zeigt sich am Penis (ebenso bei leichten Erfrierungen desselben) eine Entzündung der Schleimhäute und der Corp. cavernosa. Die Balanitis zeigt eine geringere Secretbildung, die Urethritis eine längere Dauer als die infektiösen

---

[1]) Ueber die Erfrierung des männlichen Gliedes, Memorab. XXII. 10. 1878.

Formen. Die Entzündung der Corp. cavernos. pen. markirt sich durch einige harte Stellen, die nur im erigirten Gliede Schmerzen verursachen. Dieser ganze Symptomencomplex stellt sich mehrere Jahre hintereinander wieder ein.

Nicht alle Individuen sind zu Frostbeulen gleich disponirt. Chlorotische Mädchen bekommen regelmässig im Herbste bei einer Temperatur von etwa $+5\,°$ Frostbeulen. Später, wenn die Bleichsucht gehoben ist, pflegen die Frostbeulen wegzubleiben. Das jugendliche Alter ist überhaupt mehr dazu disponirt. Die Frostbeulen kommen in allen Ständen vor, bei Leuten, die stets dicht in Pelzen eingehüllt sind, sowie bei Arbeitern, welche nie die Hände bedecken. Es scheint, dass gewisse Beschäftigungen, die mit vielem Wechsel der Temperaturen verbunden sind, für Frostbeulen geneigt machen, so findet man dieselben bei Köchinnen, Apothekern u. a.

Cap. IV.

Prognose der Erfrierungen.

§. 164. Allgemeine Erfrierungen geben oft sehr schlechte Prognose. Bei Erstarrungszuständen ist nicht nur die Kraft des Herzschlages, die Energie der Respirationsbewegungen in Erwägung zu ziehen, wenn man sich über den eventuellen Erfolg der Wiederbelebungsversuche aussprechen soll, sondern auch dann, wenn das Bewusstsein zurückgekehrt ist, ist die Prognose noch vorsichtig zu stellen. Denn häufig genug tritt nach allgemeiner Erfrierung acute, rasch zum Tode führende Sepsis ein. So beobachtete Fremmert am 6. Tage nach einer schweren, weit ausgedehnten Erfrierung Frostanfälle, hohes Fieber, am Tage darauf furibunde Delirien und schnell wachsenden Collaps, der in weiteren 24 Stunden zum Tode führte. —

Ich füge hier die Krankengeschichte einer von uns behandelten Patientin bei.

Die 19jährige Pauline Müller aus Schürweiler war von Hause weggelaufen und hatte 3 Tage und 3 Nächte Anfang Januar 1877 auf freiem Felde zugebracht bei ziemlich strenger Kälte. Sie wurde in den Weinbergen aufgefunden und musste nach Hause transportirt werden. Von dort ward sie nach Strassburg in das Bürgerspital geschafft.

Bei der Aufnahme constatirte man eine Erfrierung beider Füsse und Unterschenkel. Dabei hatte aber offenbar der ganze Organismus sehr durch die Kälte gelitten. Das Allgemeinbefinden war sehr gestört. Patientin war im Anfange somnolent, später sehr unruhig und aufgeregt, die Functionen des Gehirns durchaus nicht normal. Hohes Fieber. — Beide Fussspitzen waren fast vollständig gangränös, Füsse und Unterschenkel geröthet und angeschwollen. Auch Hände, Gesicht und Hals hatten durch die Kälte stark gelitten.

Trotz sofort vorgenommener Amputation der gangränösen Theile stellten sich die Symptome der allgemeinen Sepsis schnell ein und auch eine noch höher oben vorgenommene Amputation konnte den Exitus lethalis, der 8 Tage nach der Aufnahme erfolgte, nicht anhalten.

§. 165. Sonst ist im Allgemeinen die Prognose nach Erfrierungen, mit Ausnahme der eigentlichen Erstarrungszustände, nicht schlecht. Von 5596 an Frost erkrankten Soldaten der französischen Krim-Armee sollen nur 134 gestorben sein. Von 356 Patienten, die wegen Erfrierungen im Obuchow-Hospital zu St. Petersburg im Zeitraume von 6 Jahren behandelt wurden, starben 30 (= 8,4 %), 31 verliessen das Hospital ungeheilt (= 8,7 %), und 295 genasen vollkommen (= 82,9 %). Allerdings sind hierbei allgemeine Erfrierungen, die gewöhnlich schnell lethal enden, nicht mit inbegriffen, da diese ganz schweren Fälle nur selten noch in Spitalbehandlung kommen.

Die in der Statistik des Obuchow-Hospitals angeführten 31 Ungeheilten waren grösstentheils Bauern und Fuhrleute, welche beim Eintritt des Frühlings durchaus in ihre heimatlichen Dörfer entlassen sein wollten, obgleich noch kleine, eiternde Geschwüre an Händen und Füssen vorhanden waren.

§. 166. Die Prognose wird aber häufig verschlechtert durch eine Reihe accidenteller Wundkrankheiten, welche sich zu den Erfrierungen hinzugesellen. Es sind selbstverständlich hier ähnliche Verhältnisse wie bei den Verbrennungen (vgl. diese). Nosocomialgangrän, Erysipele, Sepsis und Pyämie werden sich bei Erfrierungen um so eher zeigen, je ungünstiger die Verhältnisse sind, unter denen die Kranken sich befinden. Denn dass die durch Frost gangränös gewordenen Theile zu Wundkrankheiten aller Art leicht disponiren müssen, liegt auf der Hand. Auch Embolien sind oft genug beobachtet worden, wie folgender Fall zeigt.

Bei einer schweren Erfrierung stellten sich am 4. Tage Schüttelfröste ein, die nach 8 Tagen sich wiederholten und zwar mit plötzlicher linksseitiger Lähmung und sofortigem Coma, dann Collaps und Tod.

Etwa 26 % aller Erfrorenen, die während eines Winters im Obuchow-Hospital Aufnahme fanden, zeigten Störungen des Allgemeinzustandes, welche auf die Erfrierung zurückgeführt werden konnten. Von den 26 % kamen nämlich:
 10 % auf Nosocomialgangrän,
 4 % „ Erysipele,
 8 % „ pyämische Fieber nach den resp. Operationen.
Ebenso scheint Tetanus ziemlich häufig nach Erfrierungen aufzutreten. Bei den Nordpolfahrern Kane und Genossen soll der Starrkrampf sich oft zu den Erfrierungen gesellt und die Reihen gelichtet haben.

Einen Fall von Tetanus führe ich aus der Strassburger Klinik an:

Chacmay, Xavier, 9 Jahre alt, hatte sich am 5. XII. 1878 den ganzen Tag bei Regen- und Schneewetter im Freien umhergetrieben. Mit vor Kälte starrenden Gliedern kam er Abends nach Hause, woselbst die Mutter sofort die unteren Extremitäten in ein warmes Bad steckte und den Knaben dann in's Bett brachte. — Am folgenden Morgen bei der Aufnahme zeigte sich bei dem sonst gesunden, blühend aussehenden Knaben eine bläuliche Verfärbung der Zehen und der vorderen Fusstheile, eine diffuse Schwellung und Röthung auf dem Rücken beider Füsse, sowie an dem unteren Drittel des Unterschenkels. Ausserdem befanden sich auf der Dorsalseite der Füsse zahlreiche Blasen von verschiedener Grösse (wohl zum Theil auch Wirkung des heissen Bades) und verschiedenen, theils hellen, theils gelblichen, theils gallertartigen Inhalts. Die Füsse sind bis zu den Knöcheln hinauf kalt und gefühllos. Hohes Fieber, 39,8° C. Urin normal.

Der Patient wurde mit Watteverbänden und Suspension der unteren Extremitäten behandelt. Doch änderte sich der Zustand nur wenig, auch nahm die Schwellung der erfrorenen Theile kaum merklich ab. Temperatur früh 39—39,5° C., Abends 39,5—40,0° C. Allgemeinbefinden sehr gestört, Patient schläft viel. Puls 120—140° und mehr.

Am 14. Dec., also ca. eine Woche nach der Aufnahme, bemerkte die wachehabende Schwester Abends gegen 10 Uhr, nachdem an dem Abend die Temperatur über 40,0° C. gestiegen war, dass der Patient die Kiefer nicht mehr recht auseinander bringen, konnte. Zugleich soll schon etwas Steifigkeit im Nacken bemerkt worden sein. Patient sprach indessen noch, war vollkommen bei Bewusstsein und klagte nur über Schmerzen in den Kaumuskeln.

Gegen Morgen gesellten sich zu dem Trismus aber heftige Symptome von Tetanus, die Temperatur stieg noch und in kurzer Zeit ging Patient zu Grunde. Temperatur $^1/_4$ Stunde post mortem 40,5° C., $^1/_2$ Stunde später 38,7° C.

Autopsie am 16. XII. 1878 (Herr Prof. v. Recklinghausen). Sectionsprotokoll abgekürzt.

Schädel: Gefässe der Pia sehr stark injicirt, namentlich die Venen, deren Inhalt dünnflüssig ist. Am Klein- und Gross-Hirn ist die Substanz sehr blutreich.

Rückenmark: Bei Eröffnung des Rückgratcanals entleert sich ziemlich viel Blut. Im Sack der Dura ziemlich viel Flüssigkeit. Dura zeigt aber durchaus keine besondere Injection. Auch die Pia bietet nichts Abnormes dar. Rückenmark im mittleren Brusttheil etwas weich; graue Substanz ziemlich blutreich, sonst bietet das Rückenmark auf dem Schnitt durchaus nichts Besonderes.

Lungen hyperämisch, besonders aber die Nieren ausserordentlich blutreich. Milz und Leber gross und blutreich.

Inguinaldrüsen rechts etwas grösser als links, aber sonst normal.

Am rechten Fussrücken zeigt das subcutane Gewebe eine geringe Infiltration mit gelber Flüssigkeit. Ganz in der Nähe der Zehen wird die Infiltration etwas stärker, namentlich treten auch ziemlich verfärbte, anscheinend eitrig infiltrirte Fettläppchen auf. Die Gefässe zeigen nichts Besonderes. Der Ext. digit. commun. zeigt in seinen unteren Parthien eine starke Verfärbung, ähnlich derjenigen bei der wachsartigen Degeneration. An der hinteren Seite des Unterschenkels geht dann eine ödematöse Infiltration bis hinauf zur Kniekehle. Im subcutanen Gewebe am rechten Oberschenkel findet sich noch eine hämorrhagische Infiltration, entsprechend den Beugemuskeln und sogar etwas in dieselben hineingreifend. Die Achilles-Sehne ist im unteren Abschnitt stark geröthet. Die Muskeln in der Umgebung stark verfärbt. Nervus tibialis posticus in unmittelbarer Nähe der veränderten Muskeln, zeigt auch intensive Röthung, herrührend von starker Gefässfüllung. Links ist die Aenderung in der Haut und den Muskeln geringer. Aber auch hier zeigt der Nerv. tibial. post. Röthung. Der Flexor dig. brevis zeigt ähnliche Verfärbungen, doch nur in mässigem Grade.

§. 167. Was die Todesursachen im Stadium der entzündlichen Reaction sowie der Eiterung und Erschöpfung nach Erfrierungen anbetrifft, so ist es unzweifelhaft, dass wir hier ganz ähnliche Verhältnisse wie nach Verbrennungen haben, und können wir in mancher Hinsicht auf diese verweisen.

Nur scheinen die zahlreichen bei den Verbrennungen erwähnten Complicationen, die oft genug den Tod schliesslich bedingen, weit seltener und weniger heftig nach Erfrierungen (so weit wenigstens Berichte und Autopsiebefunde vorliegen) aufzutreten. Das gilt sowohl von der Gefahr bedeutender Blutungen bei Ablösung der Schorfe und der Eröffnung von Gelenken, als auch von der Gefahr der Thrombosen und Embolien. Sicherlich ist hier sowohl Sitz als auch geringere Ausdehnung der durch die Kälte hervorgerufenen Aenderungen im Gegensatz zu den Verbrennungen für Prognose und Verlauf sehr günstig.

Ebenso finden wir höchst selten Entzündung innerer Organe als Folge der Erfrierungen angeführt. Am häufigsten unter diesen sind noch Erkrankungen des Darms notirt. Doch scheinen hier wohl nur die jede ausgebreitete Eiterung begleitenden Affectionen des Darms und der Unterleibsorgane vorgefunden worden zu sein. Adams (Amer. med. Tim. VI. Febr. 1803) und Förster (Würzburger med. Zeitschr. 1864. II, p. 146) haben Fälle von Duodenalgeschwüren beschrieben, welche (wie der Fall von Adams) sich bei einem Manne fanden, der drei Wochen nach Erfrierung beider Beine starb. Man hat auch hierin eine Analogie zu den Verbrennungen finden wollen. Die Fälle stehen aber bis jetzt einzeln da und sind daher die Beobachtungen mit Vorsicht aufzunehmen, wenigstens ihr direkter Zusammenhang mit der Erfrierung vorläufig zu beanstanden, zumal spätere Beobachter (s. unter Anderen auch Fremmert und Luppian) nie Duodenalgeschwüre nach Erfrierungen vorfanden. —

§. 168. Eigenthümlich sind die partiellen Paralysen, die nach Erfrierungen beobachtet worden sind. So demonstrirte Vulpian ein Individuum, behaftet mit Paralysen der vom Nerv. radialis versorgten Muskeln in Folge von Kältewirkung. Derartige Paralysen können sehr lange anhalten und in manchen Fällen sind sie geblieben. Nach dem Feldzuge in Russland behielten eine Reihe von Soldaten halbseitige Lähmungen, welche in Folge der starken und andauernden Kälte entstanden waren (Larrey).

§. 169. Es fragt sich, ob in Folge der in Cap. II erwähnten Veränderungen der quergestreiften Muskeln nach Einwirkung starker Kälte, nicht gewisse Muskelcontracturen (rein myogener Natur, in Folge von Zerfall der contractilen Substanz mit nachfolgender, narbiger Schrumpfung) auftreten können. Ich weiss nicht, ob schon derartige Contracturen nach Erfrierungen beobachtet worden sind, vielleicht gehört aber ein Theil der als „rheumatische" Lähmungen bezeichneten Zustände hierher.

Weiter wollen wir nicht unerwähnt lassen, dass die in Folge der Kälte auftretenden Erkrankungen der Gefässe (vgl. auch darüber Cap. II) noch nach Jahren zu operativen Eingriffen Veranlassung geben können, wie in dem von Billroth beobachteten Falle.

Endlich können auch die nach Erfrierungen manchmal bleibenden Gefässparalysen aus kosmetischen Rücksichten zu weiterer, oft auch operativer Behandlung Anlass geben.

§. 170. Von den oben erwähnten 356 Patienten, die wegen Erfrierungen im Obuchow-Hospital zu St. Petersburg im Zeitraume von sechs Jahren behandelt worden sind, wurden 295, wie angeführt ist, vollständig geheilt. Von diesen konnten 215 ohne irgend welche Gliedverluste (durch Amputation u. s. w. bedingt) entlassen werden. Bei 80 Patienten mussten ein oder mehrere Glieder entfernt werden. (Unter „Glied" verstehen wir jeden grösseren oder kleineren zusammenhängenden Körpertheil, der mindestens einen Knochen enthält, also sowohl einen ganzen Fuss, Unterschenkel, Hand, wie auch einzelne Zehen oder Fingerglieder). In dem Sinne büssten die 80 mit verkürzten Extremitäten entlassenen Patienten zusammen 406 Glieder ein. Ich will noch hinzufügen, dass bei 35 Individuen ohne Operation 114 Gliedverluste eintraten, ganze Finger und Zehen, meist aber nur die Nagelglieder derselben.

Cap. V.

Therapie der Erfrierungen.

§. 171. 1) **Behandlung allgemeiner Erstarrungszustände.** Die Wiederbelebung von durch Frost erstarrten Menschen muss nach der Ansicht aller Schriftsteller, welche aus eigener Erfahrung darüber geschrieben haben, mit grosser Vorsicht geschehen. In welchen Verhältnissen die Gefahr plötzlicher Erwärmung zu suchen ist, haben wir weiter oben Cap. III ausführlich erörtert. —

Die allgemein empfohlene Methode der Wiederbelebung erstarrter Menschen besteht in Folgendem:

Man bringt die Individuen zuerst in ein ungeheiztes Zimmer, in ein ungewärmtes Bett und reibe sie mit kalten nassen Tüchern. Sodann leite man eine allmählige Erwärung in temperirten Vollbädern ein. Zu dem Zwecke legt man die Erstarrten in Wannenbäder von Zimmertemperatur. Diese Bäder werden allmählig im Laufe von zwei bis drei Stunden bis auf 30 ^{0} C. erwärmt. So wie sich nun die verschiedenen Theile des Körpers nach einander wieder beleben, treten zuweilen nicht unerhebliche Schmerzen in den Gliedern auf, zumal wenn die Erwärmung eine etwas zu schnelle ist. In solchen Fällen thut man gut, die schmerzhaften Körpertheile mit kaltem Wasser zu begiessen und mit nasskalten Tüchern einzuwickeln. Zu gleicher Zeit spritze man subcutan nach Zülzer's Vorgang Aether und Liq. ammon. anisati ein, und sobald der Kranke schlucken kann, gebe man Analeptica, besonders auch Cognac und zwar in grossen Quantitäten bis zu einer Flasche. Die Vollbäder scheinen in der That bis jetzt die besten Mittel zur Regelung der Circulation zu sein. Ferner schreite man möglichst bald zur Suspension der erfrorenen Extremitäten (vgl. weiter unten). Bergmann und C. Reyher (nach brieflicher Mittheilung des letzteren) nahmen keinen Anstand alle 4 Extremitäten **gleich nach der Erfrierung** vertical zu suspendiren und waren mit dem Erfolge sehr zufrieden. Sie glauben dadurch der so sehr zu befürchtenden Progression des Brandes wirksam entgegentreten zu können.

Sollte der erfroren Gefundene nur noch äusserst schwach athmen, so versäume man nicht die künstliche Respiration einzuleiten.

Stunden und Tage lang kann sich der Patient noch in einem etwas benommenen und unbesinnlichen Zustande befinden, der sich ganz allmählig verliert.

Für die Anwendung der den Rückfluss des Venenblutes so mächtig fördernden vertikalen Suspension der Extremitäten führen wir nach Bergmann[1]) folgendes Beispiel an:

Ein 19jähriger Apothekerlehrling gerieth in ein im Eis eingehauenes Loch. Längere Zeit blieb er mit dem Unterkörper im Wasser, mit dem Oberkörper auf dem Eise, bis es ihm gelang, sich herauszuarbeiten. Nach 3 Stunden wurde er am Ufer neben einem Kahne bewusstlos gefunden und in die Klinik gebracht. Hier wurde er in ein kaltes Wasserbad gesetzt, in welchem die Glieder sanft gerieben wurden. Der bis auf 50 Schläge in der Minute gesunkene Puls hob sich allmählig und stieg, als das Wasser erwärmt wurde, bis auf 120 Schläge. Patient war am anderen Tage sehr matt, das Bewusstsein noch getrübt. Die Füsse hatten mehr gelitten als die Hände, die Zehen waren vollständig empfindungslos, dunkelblau gefärbt und diese Färbung erstreckte sich bis zur Fusswurzel. Die Finger waren, mit Ausnahme der beiden Daumen, an denen sich nur einzelne blaue Stellen fanden, ebenfalls dunkelblau gefärbt, desgleichen die Hand bis zur Handwurzel.

Beide unteren Extremitäten wurden nun sofort in vertikale Suspension gebracht, indem sie in Drahtladen befestigt wurden, die mit einer Schwebevorrichtung verbunden waren, so dass sie an der Ferse 2—3' höher standen, als am Trochanter, wo die Schienen auf der Matratze auflagen. Die Hände wurden nur mit kalten Compressen bedeckt. An den Füssen schritt die blaurothe Färbung nicht weiter, nach 24 Stunden zeigten sich schon einzelne hellere Flecken, die sich mehr und mehr vergrösserten, so dass am 7. Tage die Färbung ganz geschwunden war; wo sich Blasen gebildet hatten, trat eine gute, mit reichlicher Eiterung verbundene granulirende Fläche auf. An den Händen bildeten sich grosse Blasen, rothe Streifen zogen bis in die Nähe des Ellbogengelenks. Jetzt wurden auch beide Hände in vertikale Suspension gebracht; sie schwollen alsbald ab. Nach 24 Stunden waren auch die rothen Streifen und die Anschwellung im Rückgange. Doch blieben tiefere Substanzverluste zurück. Einige Phalangen wurden gangränös.

Offenbar war die Heilung, was die Schnelligkeit derselben als auch weiter die Endresultate anbetraf, an den Füssen, an denen die Suspension sofort vorgenommen war, befriedigender ausgefallen als an den Händen, die zuerst einfach mit kalten Compressen bedeckt wurden.

§. 172. 2) **Behandlung erfrorener Glieder.** Auch hier wird man zunächst nach denselben Principien die Behandlung machen müssen, wie bei allgemeinen Erstarrungszuständen, d. h. man wird die erfrorenen Glieder nur langsam und allmählig zu erwärmen haben, weil sonst die Gefässlähmung wahrscheinlich zu plötzlich eintritt und dann leichter Stase und Gangrän erfolgt (§. 161). Erfolgt die Erwärmung z. B. nach geringeren Graden von Erfrierung sehr rasch, so ist ausserdem auch der brennende, prickelnde, spannende Schmerz in den betreffenden Theilen sehr viel intensiver als bei allmähliger Erwärmung. Man

---

[1]) Zur Behandlung der Erfrierungen. Dorp. med. Zeitschrift IV, Heft 2. 1873.

räth allgemein, erfrorene Theile zuerst mit Schnee zu reiben, mit kaltem Wasser zu begiessen, später etwa hydropathische Einwickelungen zu machen. Man kann letztere auch gleich von vornherein anwenden.

Man versäume dann aber nicht, sofort zur **Suspension** der erfrorenen Glieder zu schreiten, mit Ausnahme vielleicht derjenigen Fälle, in denen nur eine sehr geringe Einwirkung von Kälte stattgefunden hat. Doch da wir nur selten im Stande sind, den Grad der Erfrierung richtig zu beurtheilen, **so zögere man auch in den leichteren Fällen nicht zu lange mit der Suspension, der Hochlagerung der Extremitäten.** Nach Bergmann's Vorgange empfehlen auch andere Chirurgen, z. B. König[1]), die Suspension sehr warm[2]).

§. 173. Man kann die Hochlagerung der erfrorenen unteren Extremitäten entweder so vornehmen dass, wie weiter oben in dem Bergmann'schen Falle es geschah, die Beine in Drahtkapseln gelagert werden, die selber mit einer Schwebevorrichtung verbunden sind, und nun so vertikal wie möglich suspendirt werden. Wir haben die mit Watte bedeckten erfrorenen Theile noch leicht mit Binden eingewickelt und auf Holzschienen befestigt, indem wir zu gleicher Zeit vermittelst Wattebäusche, welche in die Kniekehle gebracht wurden, für eine leichte Flexionsstellung im Kniegelenk Sorge trugen, da die ganz gestreckte Stellung der Beine dem Patienten eher und leichter Schmerzen bereitet (in Folge von Muskelermüdung). Dann werden die beiden so gelagerten Extremitäten durch Querhölzer verbunden und an diesen vermittelst Schnüre, die über Rollen nach einem am Bett befestigten Galgen laufen, die Suspension bewirkt. Für die Hände und Arme eignen sich vorzüglich die von Volkmann angegebenen Suspensionsschienen. **Auf solche Weise stellt man für die erfrorenen Glieder möglichst günstige Circulationsbedingungen her.** Die venöse Stauung und das Oedem lassen sehr bald nach. Man ist in der That oft erstaunt, wie bei Gliedern, welche so aussehen, als müsste die Gangrän sich sehr weit ausbreiten, dieselbe manchmal ganz wegbleibt oder sich nur auf die Zehen beschränkt.

In anderen Fällen versuchten wir die Suspension der unteren Extremitäten so herzustellen, dass wir einfach vermittelst dreieckiger Tücher und Heftpflasterstreifen dieselbe bewirkten. Durch

---

[1]) Lehrbuch II, p. 1079.
[2]) Selenkoff (Mittheilungen aus dem evang. Kriegslazareth in Sistova während des russisch-türkischen Feldzuges, s. übrigens das Literaturverzeichniss) spricht sich auch eigenen Erfahrungen sehr günstig über die Suspension aus. Er schreibt: »Die Suspension und hohe Lagerung der Glieder ist für die Behandlung der Erfrierungen von unschätzbarem Werthe. Gleich anfangs angewandt, verhindert sie fast jede Schwellung oberhalb der Demarcation, im weiteren Verlaufe hebt sie selbst bedeutende Schwellungen in vier Tagen bis zwei Wochen auf. Bei Erfrierungen ersten Grades wirkt sie exquisit schmerzstillend, während ich bei Gangrän oft bemerkt habe, dass nach einigen Tagen nach der Suspension die Schmerzen stärker waren, erst später wieder geringer wurden. In solchen Fällen erschienen mehrstündige Pausen wohlthätig. — Bei Anästhesie kehrte in einem Falle die Sensibilität in drei Tagen vollständig wieder, die Temperatur wurde in fünf Tagen wieder hergestellt. In diesem Falle scheint mir zweifellos die Hautgangrän durch Suspension und warme Einwickelung abgewandt worden zu sein.«

grosse dreieckige Tücher wurde Fuss und Unterschenkel und weiter oben die Poplitäalgegend gehörig unterstützt, dann die Extremitäten mittelst Schnüre an einem grossen Holzgalgen möglichst senkrecht suspendirt. — Man wird aber immer finden, mag man die Suspension nach der einen oder anderen Methode ausführen, dass diese Lage den Kranken auf die Dauer unerträglich wird und eine grosse Willensenergie von Seiten der betreffenden Patienten dazu gehört, um besagte Lage nur wenige Tage auszuhalten. Denn die Kranken sind nicht im Stande, die Rückenlage auch nur auf wenige Augenblicke zu verlassen, sie werden daher unruhig, verlangen dringend aus der Lage befreit zu werden oder suchen sich loszureissen.

Zur Illustration der Wirkungsweise der Suspension bei Erfrierungen möge folgender von uns beobachteter Fall dienen.

Aberle, Ferd., 38 Jahre. Aufgenommen 15. IV. 1879.

Patient übernachtete bei einer Aussentemperatur von einigen Graden unter 0° in der Nacht vom 13. zum 14. April in einer Scheune. Seine Füsse waren nur wenig mit Stroh bedeckt. Am Morgen waren dieselben blauschwarz, stark geschwollen und schmerzhaft, so dass er nicht gehen konnte. Die dunkle Färbung soll sich bis über die Mitte des Fusses erstreckt haben. Der Patient blieb in dieser hülflosen Lage, bis er am darauffolgenden Tage in das Spital aufgenommen werden konnte.

Status bei der Aufnahme: Mässig kräftiges Individuum. Beide Füsse stark geschwollen und verfärbt und zwar rechts geht die gelbrothe Verfärbung des Fusses an der Grenze der Metatarsalköpfe in eine dunkel blauviolette Färbung über, so dass die Zehen ganz schwarz erscheinen. In der Planta pedis, weniger auf dem Fussrücken, einige Blasen mit gelblichem, hellen Inhalt. Temperatur des Fusses (mit Ausnahme der Zehen) dem Gefühl nach erhöht. Zehen selbst fühlen sich kalt an. Ebenda auch keine Spur von Sensibilität, selbst gegen tiefere Nadelstiche. — Der linke Fuss nicht ganz so stark geschwollen, auch erstreckt sich die dunkle Färbung nicht so weit wie rechts. Sensibilität an der grossen Zehe ganz vernichtet, an den übrigen Zehen vermindert. — Temperatur zwischen den Zehen rechts 26,5, links 28,7. Umfang des Fusses rechts in der Gegend des Chopart'schen Gelenkes 27½, links 25 Ctm.

Es wird nun sofort vermittelst Tücher und Binden die vertikale Suspension der Extremitäten vorgenommen. Die Füsse selber werden bis oberhalb der Knöchel in einen trockenen Salicylwatteverband gehüllt. — Bereits am Nachmittage konnte man einen Einfluss der Suspension insofern wahrnehmen, als inmitten des dunkelvioletten, lividen Bezirkes einzelne tiefrothe Flecken auftraten. Dessgleichen war die Temperatur zwischen den Zehen an beiden Füssen um einige Zehntel gestiegen, auch empfand Patient Nadelstiche entschieden besser als am Morgen.

Im Urin kein Eiweiss. Temperatur 38,5.

In den nächsten Tagen besserte sich der Zustand bedeutend. Die Temperatur der Zehen stieg. Die livide Färbung wich mehr und mehr einer dunkelrothen, der eigentlich abgestorbene Bezirk wurde immer kleiner. Dessgleichen kehrte die Sensibilität zurück. Aus der nachfolgenden Tabelle kann man die Erfolge dieser consequent Tag und Nacht durchgeführten Behandlungsart übersehen.

Datum	Temp. M. A.	Ausdehnung der lividen Bezirke		Temperatur zwischen den Zehen		Umfang des Fusses	
		rechts	links	rechts	links	rechts	links
16.	37,5. 38,5.	Dorsum pedis 8 resp. 5½ C. Planta ped. 10 resp. 6 C.	Dors. ped. 9 resp. 5 C. Plant. ped. 7 resp. 2 C.	26,5	26,7	27½ C.	25 C.
17.	38,5. 39,4.	Dors. ped. 7,0 — 5 C. Plant. ped. 9 — 4 C.	Dors. ped. 9. — 4 C. Plant. ped. 7. — 0 C.	27,6	29,3	27 C.	25 C.
18.	37,5. 39.	6,5. 4 C. 8. 4 C.	Die livide Färbung hat einer tief-rothen Platz gemacht	28,5	30,2	6 C.	25 C.
19.	— 38,4.	bedeutende	Besserung	28,9	30,1	desgl.	desgl.

Am Abend des 19. April machte sich Patient aus seiner Lage los und blieb bis zum Morgen ohne Suspension. Man constatirte am Morgen des 20. IV.:
1) Die Schwellung der Füsse hat zugenommen.
2) Die Temperatur zwischen den Zehen ist gesunken.
3) Es hat neue Blasenbildung stattgefunden.
4) Die Sensibilität hat sich verschlechtert.

Da sich ausserdem Zersetzung des Blaseninhalts zeigte und feuchte Gangrän, so wurde die Suspension wegen der etwa zu befürchtenden Resorption aufgegeben und ein Lister'scher Verband angelegt. Die Zehen starben auf beiden Seiten vollständig ab und mussten später, als die Demarcation vollendet war, operative Eingriffe gemacht werden.

§. 174. Die zweite wichtige Indication bei der Behandlung der erfrorenen Glieder ist nämlich die, von der Nekrose die Fäulniss abzuhalten. In dieser Hinsicht hat die Therapie in den letzten zehn Jahren wesentliche Wandlungen erfahren. Während früher die erfrorenen Glieder mit warmen aromatischen Fomenten, mit Campherspiritus, Terpenthin, Fetten u. s. w., ja selbst mit Cataplasmen behandelt wurden, sind alle diese Mittel heutzutage durch hydropathische Compressen verdrängt und auf einfache Art ersetzt worden. Aber diese hydropathischen Einwickelungen eignen sich nur für ganz frische Fälle gleich nach der Aufnahme. Später muss man zu antiseptischen Verbänden übergehen. Auch hier sind die alten Antiseptica durch neue ersetzt. Vom Chlor, Kreosot, dem Acet. pyrolignosum ist man auch bei den Erfrierungen zum Lister'schen Verband, zur Salicyljute gekommen, Verbände, die auch wir durchaus empfehlen können. Nur wenige Chirurgen werden wohl noch versuchen, die faulenden Theile durch austrocknende Mittel zur Mumification zu bringen und trockene Watteverbände den Lister-schen Verbänden vorzuziehen. Jedenfalls wird der Gestank durch die Watteverbände nicht beseitigt. Nach dem neuesten Bericht will Billroth (Wiener chir. Klinik 1871—76. S. 489) nur bei den Zehen die Spontanabstossung ruhig abwarten und unterdessen die Mumificirung durch Abziehen der Epidermis und künstliches Austrocknen der Gewebe (mittelst Gypstheers, absoluten Alcohols und Aehnlichen) herbeiführen. Sind die Flächen, welche mit Lister'schem Verbandzeug bedeckt werden, sehr gross, so achte man auf etwaige leicht auftretende Symptome von Carbolintoxication und versäume nicht das von uns in solchen Fällen empfohlene Glaubersalz (Sol. natr. sulf. 5—8,0 : 200,0) zu geben.

Nicht immer wird es gelingen, Fäulniss und Verjauchung von dem erfrorenen Gliede mittelst eines antiseptischen Verbandes fern zu halten, zumal wenn der Verbandwechsel sehr häufig vorgenommen werden muss und die erfrorenen Theile unnöthig oft mit Carbollösungen überschwemmt werden — ferner auch in Fällen, in denen die Erfrierung nicht gleich zu Anfang in Behandlung kam. Es beginnt dann eine profuse Secretion, anfangs geruchlos, dann aber bald, da sie jeden Deckverband illusorisch macht, den Charakter der Brandjauche annehmend. Hier wird, wenn aus bestimmten Gründen operative Eingriffe nicht vorgenommen werden können, eher eine offene Wundbehandlung am Platze sein. — Sind die Brandflächen sehr gross und ausgedehnt, so dürfte man sich in solchen Fällen von dem permanenten Wasserbade Erfolg versprechen (s. die Verbrennungen §. 87).

§. 175. Im Falle sich die Gangrän an den Zehen oder an den Fingern begrenzt, so kann man die Abstossung der Natur überlassen. Ist die Lösung erfolgt, so können später Correctionen des Stumpfes durch Abkneifen der Köpfchen der Ossa metatarsi oder metacarpi nöthig werden. Geht die Gangrän bis auf Mittelfuss oder Mittelhand oder noch höher, so muss die Amputation gemacht werden. Im Allgemeinen, besonders wenn kein oder nur geringes Fieber vorhanden ist, kann man abwarten, dass es zur Demarcation gekommen ist, ja, einige Chirurgen warten erst eine recht tiefe Furchung ab, ehe amputirt wird oder lassen sogar die spontane Ablösung zu Stande kommen und operiren dann. Billroth warnt davor, zu lange zu zögern mit den Amputationen. Sowie die Demarcation nur ungefähr entschieden ist, amputire man etwas oberhalb derselben. Billroth verlor einige Patienten an Pyämie, bei denen er zu lange mit der Amputation zögerte. Doch ist die Gefahr, dass der Amputationsstumpf brandig werde, wenn man die Demarcation nicht abwartet, entschieden gross, wie wir aus eigner Erfahrung wissen, man müsste denn in solchen Fällen gleich von vornherein sehr hoch oben amputiren. Sollte trotzdem der Amputationsstumpf brandig werden, so lasse man die Deckverbände ganz weg, entferne die Nähte, um jeden Druck von der Wunde fernzuhalten, und behandle letztere lieber offen. — Bei Anwendung und Durchführbarkeit des Lister'schen Verbandes dürfte aber doch die volle Demarcation abzuwarten sein, obwohl die Gefahr von hinzutretendem Tetanus nach aller Erfahrung dabei nicht geleugnet werden dürfte. Wir erinnern an den von uns beobachteten Fall (vgl. S. 105). Auch von Langenbeck (Krönlein's Bericht [1]) konnte durch eine schleunigst vorgenommene doppelseitige Unterschenkelamputation den Tetanus nicht beeinflussen. Die anatomische Untersuchung dieses Falles ergab, dass die Nerven der amputirten Füsse auf der

---

[1] Arch. für klin. Chir. XXI. Supplement-Heft.

Seite, wo früher die neuralgischen, den Tetanus einleitenden Schmerzen empfunden worden waren, namentlich an der Plantarseite eine ödematöse Schwellung und stellenweise blutige Suffusion der Nervenscheiden in einer Länge von 1 bis 1½ Zoll vom peripheren Ende aufwärts zeigten [1]).

§. 176. Von den 356 Kranken der Winter 18$^{67}/_{68}$, $^{68}/_{69}$, $^{69}/_{70}$, $^{70}/_{71}$, $^{75}/_{76}$ und $^{76}/_{77}$ im Obuchow-Hospital zu St. Petersburg, woselbst die sofortige Elevation, die Hochlagerung der erfrorenen Glieder und die Lister'sche Behandlung der Erfrierungen seit längerer Zeit bereits geübt wird, starben vor Entfernung der erfrorenen Glieder 7 Personen, bei 35 Individuen traten spontan ohne Operation 114 Gliedverluste (meist die Nagelglieder der Zehen und Finger) ein. Operationen wurden an 99 Personen gemacht. Mussten mehrere Glieder bei demselben Individuum abgenommen werden, so geschah das häufig gleichzeitig. 48 Patienten unterlagen einem einmaligen, 33 einem zweimaligen, 14 einem dreimaligen und 4 einem viermaligen operativen Eingriff. Die Ursache dieser wiederholten Operationen war theils in dem Umstande zu suchen, dass man recht geringe Gliedverkürzungen (die in der Folge unzureichend erschienen) eintreten zu lassen wünschte, theils war die Ungleichzeitigkeit der Demarcationsbildung Ursache; zuweilen bildete Gangrän des Amputationsstumpfes die Ursache einer zweiten höheren Gliedabsetzung. 59mal wurde hoch in gesunden Theilen, 53mal in der Demarcationslinie und 60mal mit der Knochenscheere und Knochenzange operirt. Die Operationen fanden statt: die frühesten (6) am 14. Tage, die meisten zwischen 15. Tage und 26. Tage, noch andere erst nach Monaten. In drei Fällen wurden grössere Amputationen an allen vier Extremitäten vorgenommen und zwar: zweimal Amputation beider Unterschenkel im untersten Viertel und Exarticulation beider Hände, einmal wurde am rechten Fuss nach Chopart, am linken nach Lisfranc exarticulirt, ausserdem die Finger der rechten und linken Hand (hier der Daumen ausgenommen) entfernt. Dreimal wurden grössere Operationen an drei Extremitäten vorgenommen, so die Exarticulation beider Füsse nach Lisfranc und Exarticulation der Hand. Im Allgemeinen wurden an den Füssen die meisten Operationen vorgenommen. Hier ist man ja im Allgemeinen zu Amputationen geneigt, da ja oft genug spontan die Heilung nur mit störenden Narben in der Planta oder nahe derselben zu Stande kommt, Narben, die später das Gehen ganz unmöglich machen können [2]).

---

[1]) Selenkoff (l. c.) ist gleichfalls der Ansicht, sobald die Demarcation nur angedeutet sei, die Amputation vorzunehmen. Dabei spare man möglichst wenig und setze lieber einen Zoll höher als einen Zoll tiefer das Glied ab. — Bereits bestehendes septisches Fieber soll zur Eile mahnen und es darf dann noch weniger gespart werden. — Nicht die Tiefe der Demarcation, sondern der Zustand der Weichtheile oberhalb derselben soll den Operationstermin beeinflussen.

[2]) Selenkoff giebt am Fusse den Exarticulationen den Vorzug vor den Amputationen. Er warnt besonders vor Amputationen im Metatarsus bei irgend infiltrirten Weichtheilen, wegen der leicht auftretenden progressiven, septischen Phlegmone. Scheint der Lisfranc in Bezug auf Bedeckung des Stumpfes noch möglich, so soll man trotzdem lieber zum Chopart sich entschliessen. Schlechte Resultate sah S. von der Operation nach Pirogoff wegen der grossen Knochenwundflächen. —

§. 177. Sollte man nicht in der Lage sein, eine Lister'sche Behandlung der erfrorenen Glieder einzuleiten und durchzuführen, so würde es sich empfehlen, im Anfange mit hydropathischen Umschlägen die betreffenden Theile zu bedecken, dann die Carbolsäure in wässriger oder öliger 2—5% Lösung anzuwenden. Roth empfiehlt eine Mischung von 1 Carbolsäure, 2 Jodtinktur, 2 Tannin, 30 Wasser. Auch einfache, … z trockene Wattverbände sind zu versuchen. Von etwaigen Salb… bänden, die einen leichteren Wechsel als die Watteverbände … sind Verbände mit Vaselin-Salbe (oder Vaselin und Colderaem aa) … Sind Schorfe vorhanden, so empfehlen sich z. B. bei Er… … Füsse Pottaschebäder. Hierbei lösen sich die Schorfe … V… r, deren ausgezeichnete Wirkung nach Verbrennungen … betont h… en, wird man im Allgemeinen nach Erfrierungen seltener anzuw… den Gelegenheit haben (s. weiter oben).

Später, wenn die durch die Erfrierung gesetzten Wundflächen in Granulationsflächen allmählig umgewandelt sind, wird man behufs schneller Ueberhäutung und Heilung zu denselben Mitteln seine Zuflucht nehmen, w… bei den Verbrennungen und verweisen wir in der Bezie… … die Therapie der Verbrennungen, um Wiederholungen zu m…

§. … … l gegen erfrorene Nasen wandte Riedinger[1]) in spät… Stadien Ergotin mit Erfolg an. Es wurde einigemale ca. $\frac{1}{6}$ Pravaz'scher Spritze mit Bonjean'scher Lösung in die Nähe der Nasenspitze eingespritzt. Die blauroth aussehende Nase blasste bedeutend ab. Weitere Erfolge dieser Injectionen liegen bis jetzt nicht vor. — Im Allgemeinen ist man sonst ziemlich mittellos gegenüber dieser nach Erfrierung bleibenden Röthe. Billroth[2]) behandelte einen jungen Mann, der nach Erfrierung eine dunkel blauroth Nase zurückbehalten hatte. Weder Bestreichen mit Collodium, noch mit verdünnter Salpetersäure oder Jodtinktur oder Arg. nitricum, wodurch jedesmal zwar eine Farbenänderung für kurze Zeit erzielt wurde, hatte irgend einen nennenswerthen Erfolg, so dass schliesslich der Patient, der alle diese Curen standhaft überstanden hatte, ungeheilt entlassen werden musste. Auch operative Eingriffe, die man des Oefteren bei erfrorenen Nasen aus kosmetischen Rücksichten versucht hat, haben bisher keinen grossen Erfolg gehabt, die widerspenstigen Capillaren blieben erweitert.

§. 179. **Behandlung der Frostbeulen.** Gegen die schädlichen Momente, welche die Entstehung von Frostbeulen begünstigen, kann man nur langsam, oft garnicht einwirken. Ist Anämie und Chlorose vorhanden, so suche man diese zu bekämpfen, ferner suche man alle Hindernisse zu beseitigen, welche der Heilung störend in den Weg treten. Wenn z. B. Jemand viel im Freien arbeitet und an Frostbeulen der Hände und Füsse leidet, so werden die in Anwendung gebrachten Mittel kaum irgend einen Erfolg haben, wenn der Betreffende nicht eine Zeitlang seine Beschäftigung, besonders also den Aufenthalt im Freien, zu ändern sucht.

---

[1]) Arch. für klin. Chir. XX. 1877.
[2]) Allg. Patholog. u. Therap. S. 300. Aufl. 8.

Handelt es sich um einfache, frische Frostbeulen und können die betreffenden Individuen eine Zeitlang während der Behandlungsdauer sich jeder weiteren Schädlichkeit entziehen, so genügen horizontale Lage, kalte Umschläge, Abreibungen mit kaltem Wasser oder Schnee, um die Frostbeulen innerhalb kurzer Zeit zu heilen. Es sind diese einfachen, allbekannten und bewährten Mittel entschieden den sogenannten kräftigeren Antiphlogistica als Blutegel, Salmiakumschläge, Eisblasen u. s. w. vorzuziehen. In 8—14 Tagen erfolgt die Heilung acuter Fälle; hinterher muss man aber ein Schutzmittel gegen die Kälte anwenden. Naumann[1]) empfiehlt Einwickelungen mit Heftpflaster u. s. w.

Bei schon länger bestehenden oder recidivirenden Frostbeulen sind die wenig reizenden und die Aufsaugung befördernden Mittel anzuwenden. Die Zahl der zu diesem Zwecke angegebenen Mittel ist sehr gross. Die meisten dieser Mittel bewirken die bedeutende Linderung der unangenehmen Empfindungen, namentlich des Juckens. Es werden angewendet verschiedene vegetabilische und mineralische Säuren, wie Citronen-, Schwefel- und Salpetersäure, Acid. pyrolignosum, Präcipitat, dann Chlorcalcium, Bepinselung mit Lösungen von Arg. nitric., Jodtinktur, Collodium, Campher, Opodeldoc, Ol. petrae, Zimmtwasser u. s. w. Auch verschiedene ammoniakhaltige Mittel wie Guano, Tischlerleim. Soulier empfiehlt Tinct. Belladonnae gegen die vasomotorische Lähmung und das lästige Jucken. Nach Trusen sind Salben und Umschlagswasser mit Canthariden (Tinct. cantharid. mit Liniment. saponato-camphorat.), weiter Terpenthin, Perubalsam zu versuchen. Ein Löffel Chlorkalk in eine Schüssel kalten Wassers, Morgens und Abends ein Hand- oder Fussbad, nach dem Bade wird das Glied sorgfältig abgetrocknet. An Theilen, die nicht gebadet werden können, Chlorkalk 5,0 mit Fett 30,0 (Wernher). Aber auch complicirtere Mittel sind vielfach in Anwendung, als Beispiel führe ich an:

R. Adip. suill.
   Sebi ovill. aa 30,0
    coque cum
  Ferr. oxydat. fusc. 5,0
    ut f. massa nigra
    cui adde
  Terebinth. laricin. 5,0
  Ol. Bergamott.
  Argillae aa 2,5.
  Die Wahler'sche Frostsalbe.

Excoriirte, eiternde, geschwürige Frostbeulen werden wohl nach Art ähnlicher Erkrankungen behandelt werden müssen. Auch hier sind ruhige Lage im Bett und Anwendung kalter oder lauer Umschläge empfehlenswerth. Wenn die Patienten nicht ruhig liegen können oder wollen, so sind Salben und Pflaster anzuwenden. Hebra empfiehlt zu dem Zwecke das Emplastr. lythargyr. comp., ferner sind gut Salben mit Theer, Zink, Blei, Eisen.

---

[1]) Lehrbuch der Hautkrankh. 1873. S. 312.